A CRUZ UNIVERSAL
O Caráter Universal da Cruz Como Símbolo

RAYMOND CHRISTINGER
JEAN ERACLE
PATRICK SOLIER

A CRUZ UNIVERSAL

O Caráter Universal da Cruz Como Símbolo

Tradução
Cláudio Giordano

EDITORA PENSAMENTO
São Paulo

Título do original:
La croix universelle

Copyright © Dervy Livres, Paris, 1980.

Edição

1-2-3-4-5-6-7-8-9

Ano

85-86-87-88-89-90-91-92-93

Direitos reservados

EDITORA PENSAMENTO

Rua Dr. Mário Vicente, 374 - 04270 São Paulo, SP - Fone: 63-3141

Impresso em nossas oficinas gráficas.

SUMÁRIO

Introdução 9
A Orientação 17
CAPÍTULO I
A Cruz na Ásia 27
CAPÍTULO II
A Cruz do Budismo Tântrico ou o Diamante Universal ... 49
CAPÍTULO III
A Cruz na América 53
CAPÍTULO IV
A Cruz Giratória 59
CAPÍTULO V
Um Pouco de Semântica 65
CAPÍTULO VI
A Cruz, Sinal de Redenção 69
CAPÍTULO VII
O Tau 89
CAPÍTULO VIII
Do Cinco à Rosa-cruz 95
CAPÍTULO IX
Nota Sobre o Quadrado Mágico 105
CAPÍTULO X
Seria a Cruz a Chave do Tarô? 107
CAPÍTULO XI
A Cruz Ansada (Crux Ansata) 117
CAPÍTULO XII
Cruzes Africanas 123
CAPÍTULO XIII
A Cruz na Aritmética 125
Bibliografia 127

Nota:
Sendo obra de vários autores, a autoria dos capítulos vem indicada ao final dos mesmos pelas iniciais de quem os escreveu, a saber:

P. S. - Raymond Christinger
J. E. - Jean Eracle
R. C. - Patrick Solier

INTRODUÇÃO

Quanto mais um signo é simples, tanto mais seu uso é universal, maior é seu impacto e mais numerosos, e às vezes contraditórios, são seus valores.

Originalmente, temos o ponto, do qual procede todo o grafismo: ele contém, em potencial, toda a criação. A partir do instante em que um movimento se manifesta, converte-se ele em linha reta ou curva.

Imagine-se, no infinito do não-criado, uma única reta extraída de um ponto: ela se prolonga indefinidamente e não tem rumo. É preciso que exista um ponto de referência, um observador, que lhe dê valor e direcionamento: torna-se então vertical, horizontal ou oblíqua.

Horizontal como a superfície da água tranquila, ela nos desperta o conceito de extensão, de inércia, de indiferenciação. Vertical, sugere-nos imediatamente, ao contrário, a noção de movimento, de criação, de valores que se escalonam entre o ponto de intersecção e as extremidades da vertical. Quando a horizontal e a vertical se cruzam, aparece a inércia assumindo um valor, animando-se. A primeira oposição está criada e dela poderão nascer todas as manifestações.

Do mesmo ponto inicial sai uma linha curva que retorna à sua origem: nasce o círculo, ao mesmo tempo que a noção de eternidade. Não se distingue mais o ponto inicial; o movimento da curva continua sem fim, renovado incessantemente, mas, em contrapartida, limitado em si mesmo, enquanto a reta se perde para sempre no infinito.[1]

Agora, a horizontal e a vertical cortam-se no centro do círculo, agindo uma sobre a outra: e eis que nasce a imagem da criação eterna.

As idéias mais elevadas, mais vertiginosas, podem, pois, brotar naturalmente dos signos mais simples, sem a necessidade de um sistema filosófico, uma religião, um dogma. Desde que o signo se complique, que se associe a um sistema, a uma religião, um novo contexto faz surgir, como de fonte inesgotável, imagens novas, gráficas ou mentais. Isso equivale a dizer que um estudo exaustivo do motivo da cruz é inconcebível. Alguns heraldistas tentaram catalogar todas as variações de cruz figurantes nos brasões, arrolando perto de quatrocentas. No entanto, a heráldica não esgotou a gama de variações e combinações possíveis.

Nossa cultura leva-nos a olhar a cruz através de lentes deformadoras, ou pelo menos coloridas. Sugere-nos imediatamente idéias preconcebidas, às vezes contraditórias. "Ser uma cruz", "carregar uma cruz" — são expressões que provocam reações dolorosas, negativas. Somos, porém, recompensados, honrados por uma cruz, caso se trate da insígnia de uma ordem. Traçar uma cruz sobre um texto, anula-o. Traçar essa mesma cruz sobre um ser vivo equivale a uma bênção. O signo é rigorosamente o mesmo: ora é negativo, ora positivo. O símbolo adquire vida em função do contexto, em função das reações próprias do indivíduo que dele se vale. O signo elementar é um notável gerador de idéias, mas essas idéias são de tal forma con-

---

1. Esta é uma visão geométrica simples, euclidiana, do círculo, partilhada, ao que parece, pelo poeta esotérico W. B. Yeats. A visão metafísica de R. Guénon é diversa e mais sutil, pois leva em conta "a continuidade de todas as modalidades de cada estado-do-ser entre elas, e ainda de todos os estados entre si, na constituição do ser total". (R. Guénon, *O simbolismo da cruz*, Capítulo XV.)

dicionadas pelas convenções e os apriorismos, que não temos mais condição de nos deixar levar por um fluxo de pensamento puro. Somente alguns místicos, alguns seres liberados, talvez possam entregar-se a pensamento puro. Nesse caso, porém, não precisam de signos.

Convém, portanto, confrontar a cruz com esses apriorismos e isolar certo número de símbolos, de crenças, de imagens. Como escolhê-los, se são legiões?

No reino dos apriorismos podemos perdoar alguma arbitrariedade. Não nos limitamos aqui à cultura cristã, à civilização ocidental: procuramos ampliar ao máximo nosso horizonte, não negligenciando em absoluto o modo ocidental de "ver" a cruz. Percorremos, assim, as grandes avenidas do domínio cristão, de forma não muito vagarosa, por julgarmos que tais avenidas são mais ou menos conhecidas, demorando-nos preferentemente nos caminhos laterais, despercebidos, e nas avenidas que percorrem os domínios que nos são, em geral, menos familiares. Teríamos podido também conceber um *mutus liber,* um livro mudo, deixando que a imagem falasse de per si ou, quando muito, acompanhando-a apenas de breves legendas. Limitamo-nos a alguns exemplos suscetíveis de esclarecer, de prolongar o texto. Da mesma forma, limitamos também as citações, mesmo quando se tratava de textos fundamentais, a fim de não deixar que predominasse a cultura ocidental que, mais do que outra qualquer, utilizou o símbolo da cruz ao longo de quase dois milênios.

Seria necessária uma vida inteira para tomar conhecimento de tudo quanto a cruz inspirou — textos, obras de arte, grafismos — podendo-se imaginar daí que já se disse tudo sobre tal assunto. A notável obra de René Guénon, *O simbolismo da cruz,* não tem mais do que algumas décadas de existência. Não foi senão recentemente que se percebeu o papel da cruz no Islamismo, no Budismo e no Hinduísmo. Os especialistas de história das religiões têm ainda muitas comparações a estabelecer, muitas lições a tirar, muitas opiniões a retificar.

As páginas que se seguem visam, pois, tanto a expor quanto a suscitar reflexões.

R. C.

Quadro 1

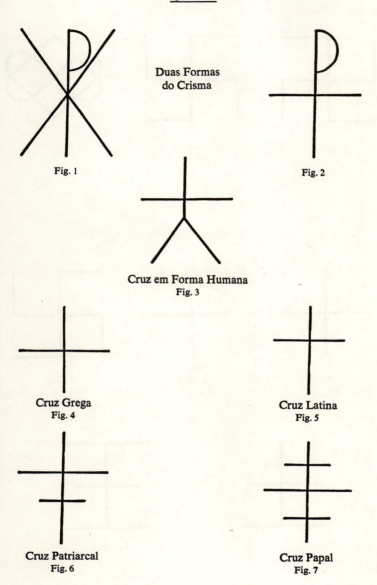

Duas Formas do Crisma

Fig. 1

Fig. 2

Cruz em Forma Humana
Fig. 3

Cruz Grega
Fig. 4

Cruz Latina
Fig. 5

Cruz Patriarcal
Fig. 6

Cruz Papal
Fig. 7

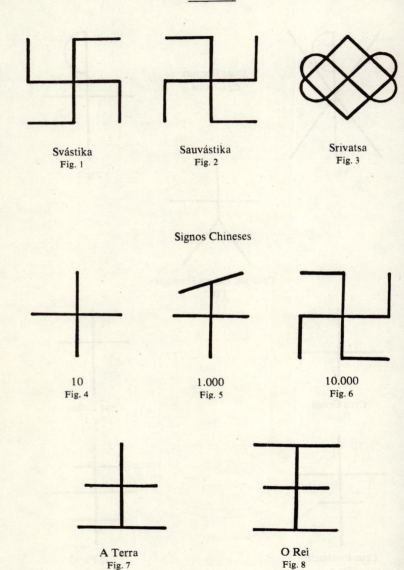

Quadro 3

O Diamante Universal
Fig. 1

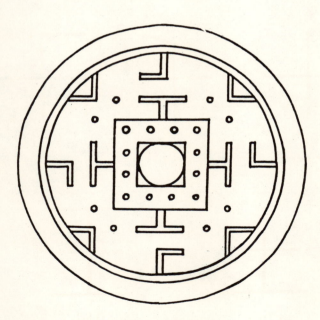

Espelho Chinês TLV
Fig. 2

A ORIENTAÇÃO

Ao orientar-se, o homem se posiciona no universo. A orientação transfere para a terra, domínio dos homens, a imagem do céu, morada dos deuses. O observador norteia-se, à noite, referenciando-se pelas estrelas, sobretudo pela Estrela Polar, porque ela é para ele o centro imóvel do firmamento móvel. De dia, pelo Sol, orienta-se na horizontal em quatro direções: para a frente, para trás, à direita e à esquerda; mas, também, segundo um eixo vertical: sobre si, sobre a Terra e abaixo dela. Esse eixo ideal corta o horizonte, desenhando assim uma cruz. Se o homem se prolonga mentalmente nas quatro direções, forma de igual modo uma cruz, cujo centro é ele próprio. Dando-se conta de que ele existe no mundo, surge a imagem da cruz. E isso existe desde a Pré-história, universalmente.

Outra dimensão de que somos conscientes e que foge como a água: o tempo. O eterno retorno [1] dos astros, das estações, da vida, engendrou a noção de um tempo cíclico aparentado com o círculo. O universo espaço-temporal onde se move nossa realidade poderia ser representado por uma cruz inscrita num

1. Não compreendemos o "eterno retorno" como sendo o retorno eterno de Nietzsche e outras concepções similares, combatidas por R. Guénon. Trata-se, antes, segundo a ótica de Mircéa Eliade, de um retorno eterno às fontes, que não implica uma curva fechada que passa duas vezes pelo mesmo ponto. Cada vez que o trajeto do retorno parece atingir o ponto de partida do círculo, produz-se um ínfimo deslocamento e vemos delinear-se as espiras sucessivas de uma espiral indefi-

círculo. A serpente envolvendo o mundo, de acordo com diversas mitologias — a serpente que reinava despojando-se de sua pele, sua imagem usada e sem vida — simbolizaria, talvez, o tempo não criado, ainda não dividido em ontem, hoje e amanhã. No transcorrer da Pré-história, representou-se muitas vezes o Sol que percorre o mundo como um disco, dividido por uma cruz ou quatro setores. Esse símbolo arcaico subentende a clara percepção de nossa realidade espaço-temporal, *hic et nunc* (aqui e agora).

Dentro da perspectiva cristã, o mundo é um círculo orientado por uma cruz, como se depreende de textos e mapas antigos que descrevem uma geografia mítica.

Cristo não faz mais do que "autenticar" para os cristãos uma concepção geral do universo. Os índios da América do Norte imaginam o mundo como um círculo, quadripartido e definem os valores de cada quadrante atribuindo-lhes cores específicas, diferentes para cada um.

A imagem ideal do mundo, tal como a concebiam os chineses antigos, destacava igualmente a cruz. Quatro montanhas cardeais asseguravam a estabilidade do universo. O espaço terrestre, miticamente orientado, é quadrado. O soberano passava quatro anos recebendo visitas de seus vassalos, após o que ele retribuía as visitas, percorrendo os feudos. A cada cinco anos, pois, devia transitar pelo seu império, regulando seu trajeto pelo Sol, de modo a encontrar-se a leste no equinócio da primavera; então, sua corte era verde. No solstício do verão, a corte era vermelha, meridional. No coração do outono, dirigia-se para o oeste, onde sua corte era branca, e completava o périplo tendo ao norte uma corte negra, no meio do inverno.[2]

nida. Não levamos, pois, em conta aqui as variações próprias da metafísica, mas adotamos a linguagem da mitologia. (Ver R. Guénon, *op. cit.*, cap. XV: "Representação da continuidade das diferentes modalidades de um mesmo estado-de-ser", e M. Eliade, *O mito do eterno retorno*, NRF, Paris, 1949.)

2. M. Granet, *O pensamento chinês*, Paris, 1950, pág. 54.

Certa tradição determinava que uma capital deveria ter uma casa quadrada do calendário, um Ming t'ang, palavra que se poderia traduzir por "sala da distinção" ou "sala do êxtase". Esse edifício comportava nove aposentos quadrados ou cinco dispostos em forma de cruz. O soberano circulava no Ming t'ang no sentido da marcha do Sol, inaugurando a primavera a leste e vestido de verde. Depois, vestido respectivamente de vermelho, branco e negro, inaugurava as outras estações, ao sul, ao oeste e ao norte. Mas, ao terceiro mês do verão, vestido de amarelo, o soberano recolhia-se ao centro do Ming t'ang e lá, munido de todas as virtudes associadas aos pontos cardeais e ao centro, dava um centro ao ano, animando o tempo e carregando as insígnias próprias de um soberano.

A disposição do Ming t'ang em nove salas correspondia à do quadrado mágico "Lo Chu", de cinco centros. A organização do espaço-tempo estava, pois, apoiada sobre uma construção em forma de cruz, caso se formasse apenas de cinco salas; ou em forma de quadrado, dividido em nove compartimentos iguais, sendo o do centro simbolicamente ocupado por um quincunce, ou por uma cruz. A circulação ritual do chefe punha, então, em movimento, na China antiga, uma cruz "numérica" — o cinco — simples ou gamada.

Simbolismo análogo tinha lugar na Sibéria vizinha, onde os tambores de certos xamãs eram decorados com motivos correspondentes aos três mundos: celeste, terrestre e inferior. Em muitos casos, por exemplo, junto aos evencos, aos dolgas, aos selcupes, o tambor trazia uma cruz no centro. Percutindo o instrumento, o xamã fazia o mundo vibrar simbolicamente ou, dito de outra maneira, ele emitia uma harmonia do som, do verbo criador.

Não só o mundo se orientou segundo regras que deram destaque à cruz, mas também ainda países foram organizados sobre um plano cruciforme. A ordem sagrada inspirou a ordem política. Antes da chegada de Pizarro, o império dos Incas centrava-se em Cuzco, nome que significa umbigo. Quatro regiões estendiam-se das extremidades de uma cruz gigantesca: a leste Antisuyu, a oeste Cuntisuyu, ao norte Chinchasuyu e ao sul Collasuyu. (Garcilaso de la Vega, *Comentarios reales de los Incas,* Cap. XI.)

Na Europa antiga, considerava-se cada território como sendo efetiva e politicamente dividido em quatro. Foi o caso dos helvécios (César, *De Bello Gallico,* I, 12.4), e sobretudo dos antigos irlandeses, que adotaram um modo de partilha de espaço comum aos celtas. Na Irlanda, a partilha política, inspirada em modelo mítico, é encontrada ainda hoje. O Ulster, que não faz parte do Estado Republicano da Irlanda, conservou um particularismo bem anterior à introdução do Cristianismo.

Aos quatro pontos cardeais correspondem quatro grandes reinos: Ulster ao norte, Leinster a leste, Munster ao sul, Connacht a oeste. No centro encontra-se Meath, que pertence simbolicamente ao rei supremo de toda a ilha. A cada reino ou província correspondem virtudes específicas que orientam a Irlanda no espaço e no tempo.

O norte, Ulster, fica sob o signo do grande deus pancéltico Lug, cuja festa, chamada Lugnasad, celebrava-se a 1.º de agosto. As guerras e conflitos são atribuídos ao norte. O caráter do norte é essencialmente masculino.

O leste, Leinster, é o domínio da prosperidade, da riqueza. Essa província está associada ao equinócio do outono, onde o princípio masculino equilibra-se com o feminino. O momento crucial é a festa de Samhain, a 1.º de setembro: é o começo do ano céltico, quando o mundo dos homens e o dos espíritos se comunicam.

Em Munster, no sul, o princípio feminino atinge o ápice. Celebra-se, então, a tríplice Brigit, convertida mais tarde em Santa Brígida, por ocasião da festa de Imbolc, a 1.º de fevereiro. Ao sul se ligam a música, a arte poética, a fertilidade e a magia.

O oeste, Connacht, é nitidamente o reinado do conhecimento. Os princípios masculino e feminino equilibram-se no equinócio da primavera. Comemora-se a festa do Sol renovado a 1.º de maio, por ocasião de Beltaine.

Enfim, o centro, Meath, é o domínio do reino supremo.

Na realidade, a história da Irlanda difere sensivelmente de sua história mítica; entretanto, por muito tempo conservou-se a ficção de uma divisão em cinco províncias. Quando a capital da ilha era Tara, o rei supremo sediava-se numa sala central, rodeada pelas salas de Munster, Leinster, Connacht e Ulster.

Fenômeno análogo pode ser observado no império germânico. No século XV, representava-se o imperador assentado entre os quatro reis: da França, Polônia, Boêmia e da Hungria. Destacava-se, também, a existência de quatro ducados e quatro províncias. Por volta de 1400, havia as províncias de Cleve ao noroeste, de Savóia ao sudeste, de Schwarzburg no nordeste e de Cilly ao sudeste — sendo o centro formado pela cidade de Bamberg.[3] Na corte imperial, quatro grandes oficiais exerciam suas funções: o escudeiro trinchador, o copeiro-mor, o marechal (ferreiro) e o camareiro. Isso lembra os altos-reis da Irlanda, que caminhavam entre quatro vassalos, à frente, atrás, à direita e à esquerda. O soberano tornava-se miticamente o rei do universo — um chakravartin, em sânscrito, o senhor da roda — reinando sobre as quatro direções, a partir do centro.

A organização de um império, de um domínio político sobre o modelo da cruz, é pouco aparente porque a história factual tornou impossível a obediência aos costumes tradicionais. Subsistiram apenas ficções jurídicas, costumes que não correspondem mais à realidade política; no entanto, o modelo cruciforme permanece presente durante muito tempo numa unidade menos importante que o reino ou império: a cidade.

3. W. Müller, *Die heilige Stadt,* Stuttgart, 1961.

No Egito, o signo determinante de lugarejo, cidade, é um círculo dividido em quatro setores iguais, através de dois caminhos que se cruzam em ângulo reto, formando assim uma cruz, chamada de Santo André. Prevalece a noção de divisão. O sinal hieroglífico de dois bastões cruzados e que tem a aparência do nosso X e do nosso sinal de multiplicação determina na língua egípcia uma ruptura, uma divisão. É usado em palavras como dano, quebrar, dividir, subtrair. Encontra-se também nas palavras: atravessar, matéria, emitir um som, fronteira.[4]

Os hieróglifos egípcios cruciformes não têm, pois, nenhuma relação com o que chamamos impropriamente de cruz ansada, sinal que não evocava por certo a idéia de cruzada, cruzamento. Em compensação, nosso sinal de trânsito anunciando um cruzamento corresponde à idéia contida nos signos hieroglíficos de cidade e dos dois bastões cruzados.

Entretanto, a arqueologia não tem permitido verificar se a antiga cidade egípcia era realmente circular e dividida por dois caminhos que se cortam em ângulo reto. Por outro lado, a Ásia e a Europa oferecem-nos grande número de exemplos, dos quais alguns são ainda visíveis até hoje. Para os cristãos, a cidade santa por excelência, onde se manifestou Cristo e onde ele morreu, é Jerusalém.[5] Projeção desse centro imaginário (isto é, ligado à imagem), a Jerusalém terrestre torna-se na Idade Média o centro do mundo real, como testemunham vários mapas geográficos. Representava-se Jerusalém como uma cidade circular, dividida idealmente em quatro quadrantes iguais, através de dois caminhos que se cortam em ângulo reto, confinando com quatro portas. Apesar do conhecimento do plano real da cidade que os cruzados possuíam, representava-se ainda no século XIII uma cidade mítica. Por essa mesma época, numero-

---

4. Outro sinal hieroglífico cruciforme representa provavelmente uma flor de quatro pétalas; não representa nenhum simbolismo particular.

5. Roma, capital de Império, é a capital de uma administração eclesiástica; a cidade santa é a projeção sobre a terra de uma Jerusalém celeste, morada ideal e paradisíaca.

sas cidades européias, fundadas durante o desabrochar da arte gótica, mostram o desejo de seus fundadores de inscrever a cruz no coração das novas cidades. W. Müller [6] demonstrou que não se buscou inspiração apenas na Jerusalém celeste ou na cruz de Cristo, mas também na *urbs quadrata* romana.

As fortalezas vikings de Trelleborg, Odense, Aggersborg e Fyrkat foram construídas sobre uma base cruciforme. Tem-se procurado, todavia, de maneira pouco convincente, fazer esse plano originar-se de modelos anglo-saxões, bizantinos ou iranianos. O motivo do círculo dividido em quatro setores iguais acha-se gravado com freqüência na Escandinávia bem antes do período viking, e pode-se perguntar se essas fortalezas não terão sido concebidas de acordo com critérios autóctones. O motivo do círculo quadripartido, qualificado um tanto uniformemente demais de símbolo solar, era conhecido de longa data na maior parte das regiões do globo; referências tiradas de outras civilizações não são indispensáveis para explicar o urbanismo viking.

De igual modo, na Índia, a cidade ideal está construída segundo um plano quadrangular: é dividida por um caminho no sentido leste-oeste — a via real, ou *rajapatha,* e por uma estrada no sentido norte-sul — a via larga, ou *mahakalapatha.* De acordo com obras sapienciais, datadas provavelmente dos séculos V ou VI, os arquitetos estariam encarregados de fazer da cidade, cercada pela estrada da boa sorte, a *mangala-vithi,* uma imagem do universo. No Extremo Oriente encontramos o mesmo esquema, autóctone ou emprestado da Índia. Ele é encontrado, também, tanto em Hué e Thang-Long (Vietnã) quanto em Pequim e Angkor.

No Irã, diversas cidades eram divididas em função de dois eixos perpendiculares, Firuzabad e Darabjird, por exemplo. Os campos militares assírios já eram construídos sobre esse mo-

---

6. W. Müller, *op. cit.*

delo. No Iraque, a antiga Bagdá era circular, dividida por dois grandes eixos que se cortavam em ângulo reto.[7]

Em matéria de arquitetura sagrada, o papel da cruz no mundo cristão é evidente. Lembre-se, todavia, que o claustro é construído conforme o modelo da Jerusalém celeste. No encontro das alamedas, um poço, uma árvore ou uma coluna marca o centro desse microcosmo; aí passa o eixo do mundo, o lugar de onde se pode ter acesso aos domínios inferiores ou celestiais. Os santuários não-cristãos adotam por vezes uma estrutura cruciforme: basta pensar nos templos hindus de Angkor; a arquitetura budista também conhecia essa estrutura, que se observa, por exemplo, em Nan (ao norte da Tailândia). Nessa cidade, o salão de ordens de Wat Phumin tem a forma de cruz e possui quatro pórticos e quatro grandes Budas sentados em seu interior, costa a costa, olhando na direção dos quatro pontos cardeais. Tal construção foi erigida no fim do século XVI. Todos os edifícios que acabamos de citar são imagens do universo, sacralizado, orientado e, portanto, em forma de cruz.

No ritual de consagração de uma igreja católica é destacado o símbolo da cruz e, em particular, o seu centro. "Sob a forma de aspersão, o bispo lava o pavimento da igreja, a partir do meio, em seguida na forma de cruz, depois o altar até a parte principal, finalmente em sentido transversal; cantam-se as palavras de Jacó: trata-se, nada mais nada menos, da casa de Deus e da porta do céu." Segue-se a posse desse cosmo purificado. Para tanto, traça-se sobre o solo, com areia ou cinzas espalhadas pela igreja, uma grande cruz de Santo André, que agrega em diagonal os quatro ângulos do edifício. O bispo desenha nela com a ponta do báculo os alfabetos grego e latino, de alfa a ômega e de A a Z, significando que a cosmogonia primitiva

7. H. P. L'Orange, *Estudos sobre a iconografia do reino cósmico no mundo antigo*, Oslo, 1953.

renova-se integralmente. Assim orientada, a igreja torna-se uma imagem ou uma antecipação da Jerusalém celeste.[8]

Esse simbolismo reencontra-se no menor dos monumentos sagrados, o altar, onde reside a quintessência do valor "mágico" do santuário.

Num santuário, o lugar mais elevado, simbolicamente, é o altar, onde se estabelece a comunicação com as forças superiores. O altar do Templo de Salomão, em estrutura quadrada, estava ornamentado com quatro chifres colocados nos cantos e em relação com os pontos cardeais. Para os católicos, "o altar é um microcosmo, não apenas do mundo natural, mas também do universo espiritualizado por uma consagração".[9] Para consagrar-se um altar católico traçam-se sobre a mesa do altar cinco cruzes: primeiro a do centro, onde o céu toca a terra e onde a presença divina se comunica com os homens; depois, as outras quatro, nos cantos. O traçado das cinco cruzes é feito primeiramente com água benta, depois com o óleo chamado dos catecúmenos, sempre na mesma ordem: primeiro no centro, depois saindo do centro, à esquerda no alto, embaixo à direita, embaixo à esquerda e no alto à direita.

Para os chineses antigos, o altar quadrangular do Sol constituía igualmente o centro sagrado por excelência. Primitivamente, ele não passava de uma simples elevação de terra batida. Esse montículo — "quadrado, porque a terra é quadrada e, em princípio, a cidade também o é" — é recoberto de terra de uma única cor, segundo a orientação (em relação ao soberano) do feudo onde se ergue um altar do Sol.

A religião hindu possui um simbolismo do templo e do altar análogo ao dos judeus e ao dos cristãos. O altar é a imagem do universo; ele resume num só ponto todo o espaço sagra-

---

8. G. De Champeaux e S. Sterckx, *O mundo dos símbolos*, La Pierre-qui-Vire, 1966, pág. 205.
9. *Ibid.*, pág. 204.

do, orientado. Mas, na Índia, o altar comporta uma dimensão a mais, o Tempo. O ano, as estações, os dias são simbolicamente incorporados ao altar; não apenas o espaço, mas também o tempo, são sacralizados.[10]

R. C.

---

10. De propósito, não tratamos aqui do simbolismo da cruz na África Negra, a fim de não adensar o texto. As tradições africanas, ainda não influenciadas pelo Islamismo ou pelo Cristianismo, escondem riquezas muito freqüentemente desconhecidas. Basta ler, por exemplo, as obras notáveis de M. Griaule e G. Dieterlen, consagradas ao povo dogon de Mali, para se convencer disso. Como nas outras cosmogonias, a cruz e a noção de centro desempenham um papel importante. O motivo cruciforme aparece freqüentemente na vida diária dos dogons, no partilhamento dos campos, nos celeiros de grãos, porque a atividade cotidiana do dogon é sacralizada e se mostra como um prolongamento, uma conseqüência de eventos míticos acontecidos na época da criação.

Capítulo I

A CRUZ NA ÁSIA

Quando a cruz aparece nas sociedades antigas da Ásia central e do Extremo Oriente, é geralmente de modo bem discreto. Com efeito, raramente ela se mostra em sua simplicidade original: prefere ocultar-se nas sinuosidades de figuras mais complicadas e, quando nelas se deixa ver, na maioria das vezes, é como o esqueleto de uma construção simbólica que representa o grande corpo do Universo.

Em muitas sociedades marcadas pelo xamanismo, por exemplo, a cruz constitui a armação de um objeto ritual característico, freqüentemente designado pelos autores através da expressão discutível de "armadilha dos espíritos", e conhecido dos *Bon Po* tibetanos sob o nome de *mdos*. No seu livro *Teoria e prática da Mandala*, o professor Giuseppe Tucci descreve assim este objeto ritual:[1]

"Os mestres *Bon Po* constroem *mdos*, representações simbólicas do mundo; esses *mdos* têm quatro pedestais sobre os quais se coloca um bastão vertical que cruza transversalmente outro bastão (formando uma cruz). Uma série de fios trançados une os bastões entre si. Imagens de deuses são dispostas à sua volta. O exorcista identifica-se com a essência desses deuses, com a alma que anima esse cosmo, no seio do qual, idealmente,

---

1. G. Tucci, *Teoria e prática da Mandala*, Editora Pensamento, São Paulo, 1984, pág. 29.

ele se transforma no princípio de tudo o que é, para poder agir como taumaturgo onipotente, controlando a seu talante as forças do universo. O *mdos* é, pois, um mundo construído magicamente, por transfiguração, no qual o feiticeiro reina como mestre absoluto."

No Nepal, na planície de Teraí e em outras regiões sub-himalaianas, objetos parecidos protegem os lugares onde se realizam certos ritos campestres: eles compreendem um longo tronco fincado no solo, ao qual se prende uma cruz de madeira com fitas de diferentes cores ligando os braços. Pode-se supor que o tronco simboliza a direção vertical, enquanto que a cruz representa os pontos cardeais, relacionando-se os fios de cores diversas com os elementos fundamentais.

É também como estrutura fundamental do universo que a cruz aparece na simbologia da Índia e das vastas regiões que sofreram sua influência. Raramente representada sozinha, alia-se ela, na maioria das vezes, a todo um conjunto de figuras geométricas, como o quadrado, o círculo e o triângulo, as quais constituem, de certo modo, o suporte.

Na Índia, a cruz vem carregada de profundo significado, dinâmico por essência. Em *O politeísmo hindu*,[2] Alain Daniélou define bem esse significado: "Quando o ponto se desenvolve no espaço, aparecem as quatro direções. A cruz é o símbolo da extensão, do desenvolvimento, assim como da redução do múltiplo à unidade. A cruz serve igualmente para mostrar a dominação do um (1) sobre o múltiplo. É o símbolo equivalente ao dos quatro braços na representação dos deuses soberanos."

Efetivamente, os principais deuses da Índia são em geral representados com quatro braços, cujas mãos detêm diversos atributos, simbolizando os diferentes aspectos da ação do Único no seio da manifestação.

2. A. Daniélou, *O politeísmo hindu*, Buchet-Chastel, Paris, 1960, pág. 528.

A imagem de Brahma é sem dúvida significativa a esse respeito: Brahma, como se sabe, representa especialmente o aspecto criador do Único; é essencialmente aquele que manifesta o Inefável oculto em todas as coisas. Em conseqüência, é retratado com quatro faces, olhando nas quatro direções principais e simbolizando seu poder dominador sobre a totalidade do mundo da manifestação. É representado, também, com quatro braços, cujas mãos seguram os quatro livros dos Vedas, o Saber Divino, isto é, a manifestação do Único no nível do conhecimento superior, ou ainda com diversos objetos rituais que evocam os meios de comunicação com o Princípio, que sustenta o universo.

Um mito interessante associa o centro, ou quinto ponto, com as quatro direções principais expressas pelas faces do deus. Segundo esse mito, com efeito, no início, Brahma exibia cinco rostos, ficando o quinto no meio e acima dos demais. Entretanto, por ocasião de uma pendência com Çiva, deus da destruição e do retorno ao Não-manifestado, Brahma perdeu essa quinta face. Pode-se dizer que das cinco cabeças quatro representam o Manifestado e olham para os quatro pontos cardeais; a quinta, ao contrário, situada no meio, fica invisível e simboliza o Fundamental, o Não-manifestado, ao mesmo tempo oculto atrás do véu da manifestação e por ela revelado, bem como, também, origem de tudo e finalidade última de todas as coisas, situando-se sempre num além inefável.

Até onde se pôde perceber, os quatro ou cinco rostos de Brahma correspondem exatamente ao significado da cruz, tal como aponta Daniélou, quer como manifestação de (1) no múltiplo, quer como reabsorção do múltiplo no um (1).

Observações semelhantes poderiam ser feitas, com variações, sobre Vishnu, Çiva e outras divindades.

O simbolismo da cruz abraçando o universo acha-se igualmente nas lendas budísticas.

As Escrituras do Budismo nos ensinam que o futuro Buda manifestou sua superioridade sobre tudo o que existe no universo desde o instante do nascimento. De fato, quando a criança saiu miraculosamente do seio da mãe e foi depositada no chão, pondo-se de pé, deu sete passos no rumo leste, e logo brotaram do solo sete flores de lótus desabrochadas. Deu em seguida sete passos no rumo sul, depois no rumo oeste e no rumo norte, sempre aparecendo sete flores de lótus a cada movimento.

Depois disso, o futuro Buda abaixou a mão direita para a terra e ergueu a esquerda para o céu, dizendo: "Neste mundo nada me será superior."

A arte, naturalmente, tomou conta dessa narração: em inúmeras representações do nascimento do Buda vê-se a criança miraculosa de pé, no centro de uma cruz, cujos braços se compõem de sete flores de lótus que brotam do solo.

O significado cósmico de tal representação salta aos olhos: enquanto a cruz diz respeito aos quatro pontos cardeais, o corpo do Buda, com uma das mãos erguida e a outra abaixada, evoca o eixo do universo e a direção vertical. Podemos ser tentados a ver nesse quadro a evocação de um papel de mediador. Entretanto, não tendo tal noção lugar no Budismo, torna-se impossível tal hipótese. As palavras pronunciadas pela criança apenas enunciam que, por sua iluminação, o Buda se situará acima e além de tudo o que há no universo.

Se a narração do nascimento do Buda lembra o simbolismo da cruz se projetando sobre o universo, o episódio da oferenda das quatro taças sugere antes a idéia da redução do múltiplo à unidade.

Nesse episódio, que ocorre depois da grande noite da Iluminação, vêem-se os Quatro Reis dos pontos cardeais vindo render homenagem ao Buda. Cada um deles reivindica o privilégio de oferecer ao Mestre uma taça de alimento; mas ele, cheio de amizade por todos, recebe as quatro taças e, demonstrando seu poder superior, transforma-as numa só.

Os Quatro Reis aqui referidos são, na realidade, na mitologia búdica, os protetores dos quatro continentes que compõem o universo.

Isso nos leva a descrever a estrutura do mundo tal como aparece através das Escrituras do Budismo.

No centro do mundo, se encontra a montanha mítica, o *Sumeru*. Tem a forma de uma pirâmide de quatro lados; em seus flancos residem os Quatro Grandes Reis e seus assistentes. No pico da montanha repousa a cidade dos deuses, sobre a qual reina Indra. Sobre a cidade, cada vez mais etéreos, estendem-se os céus do Mundo do Desejo, depois os do Mundo da Forma, onde mora Buda, e, finalmente, as planícies sutis do Mundo do Sem-Forma.

O monte *Sumeru* é rodeado por um círculo de montanhas e oceanos que prolongam os quatro continentes no sentido das quatro direções fundamentais. Os continentes têm a forma de um quadrado, de um círculo, de um semicírculo e de um triângulo, e são flanqueados de ilhas. Entre eles se sediam os quatro grandes oceanos e um grande círculo montanhoso forma o limite do mundo. A terra descansa finalmente sobre vários andares de regiões inferiores, residência dos seres infernais.

Como se pode constatar, essa visão inteiramente mítica do mundo fundamenta-se sobre a cruz, sendo o *Sumeru* o centro e os quatro continentes os braços.

Essa concepção mítica, da qual alguns elementos são extraídos da Índia védica, encontra-se com variações e de modo menos preciso no Hinduísmo, e desempenhou papel fundamental no domínio da arquitetura e do urbanismo. É a esta estrutura, de fato, que se fez referência na Índia e no Sudoeste asiático para se edificarem templos-montanha numa estrutura cruciforme e capitais reais ornadas com quatro portas monumentais orientadas para os quatro pontos cardeais e de um grande templo central.

A célebre capital do império Khmer, Angkor Thom, no Cambodja, construída no início do século XIII pelo rei Jayavarman VII, é um belo exemplo dessa concepção: a cidade forma um imenso quadrado delimitado por uma muralha e fossos; no meio de cada um dos lados do quadrilátero se ergue uma porta monumental que é atravessada por uma calçada de pedra que leva ao centro da cidade; na interseção dos quatro caminhos eleva-se o excelso templo do Bayon, verdadeira montanha cósmica, cujas numerosas torres formam incontáveis pináculos, santuário genuíno do Bodhisattva da Grande Compaixão, cujos múltiplos rostos se voltam para todos os lados. O palácio do rei encontra-se a noroeste, descentralizado, portanto, e chega-se a ele por meio de uma quinta calçada que atravessa uma quinta porta, aberta no muro oriental.

A estrutura cruciforme do mundo e o plano quadrado das cidades que dele se derivam encontram-se nos desenhos místicos ou *Yantra* e nas representações mais elaboradas das *Mandalas,* sendo todos considerados como suportes da meditação, tanto no Tantrismo hindu como no Tantrismo budístico.

No *Yantra* ou na *Mandala,* pelo menos quando estas são construídas de modo suficientemente desenvolvido, a cruz desempenha papel fundamental, porque tais figuras são essencialmente "orientadas" e concebidas como englobando toda a realidade exterior do cosmo, bem como toda a realidade profunda da consciência. Apesar de a cruz poder constituir em si mesma um *Yantra,* geralmente ela não aparece nessas representações místicas, a não ser revestida de outros símbolos, que nela se enxertam para revelar-lhe, de modo mais sensível, toda sua profunda riqueza.

De modo geral, tanto o *Yantra* quanto a *Mandala* incluem uma muralha quadrada ornada com quatro portas voltadas para os pontos cardeais. Contrariamente a nossos mapas de geografia, o alto da figura corresponde, em princípio, ao Leste ou Oeste, significando que a pessoa que medita se encontra voltada para uma dessas direções. De fato, essa orientação corresponde também à orientação da personagem representada ou simbolizada no centro da figura. Se se julga que ela olha para o Leste, por exemplo, o que se dá na maioria dos casos, a pessoa que medita a olha de frente e encontra-se, pois, voltada para o Oeste. O Oeste encontra-se, então, no alto da figura e o Leste embaixo.

As portas têm uma forma bem característica, ao menos quando o *Yantra,* ou a *Mandala,* se baseia no esquema indiano antigo. Essa forma é mais facilmente discernível no *Yantra,* que é um desenho bastante despojado, do que na *Mandala,* como se passou a figurá-la a partir da época Pâla-Sena (séculos VIII-XIII). De fato, as muralhas e as portas derivadas das *Mandalas* da Índia medieval e das do Tibete são representadas em toda a sua extensão: a muralha se enfeita assim de pingentes de pedras preciosas, dominados por ornamentos diversos, enquanto as portas se perdem numa construção suportada por colunas e protegida por um telhado de vários andares. Todavia, mesmo neste caso, o olho atento distingue a forma primitiva das portas, que é a da letra T.

O exame de um *Yantra* hindu bastante simples, o "Rei dos Diagramas" ou *Yantra-Raja,* vai permitir-nos ilustrar nossa intenção.

O *Mahânirvâna-Tantra* descreve assim esse *Yantra*:[3]

"Traçar um triângulo contendo a semente verbal da Ilusão (H.R.I.M.). Em redor se acham dois círculos concêntricos. Indicar, dois a dois, os dezesseis estames e as oito pétalas do lótus; o todo está circunscrito na cidade terrestre feita de linhas retas, com quatro portas que devem ser de aspecto agradável."

Eis o comentário de Daniélou para esta passagem:

"No centro do diagrama, os caracteres H.R.I.M. representam Lakshmi, a divindade da Fortuna. À sua volta fica o triângulo ígneo, que atrai em seu movimento ascendente a energia

3. A. Daniélou, *op. cit.*, pág. 530.

circundante, indicada pelo círculo que a envolve. Os dezesseis estames representam a perfeição, as oito pétalas, a tendência de coesão, isto é, Vishnu. O círculo exterior é a criação, movimento circular do qual provêm todas as coisas. O poder sobre o mundo aparente é representado pelo quadrado, símbolo da Terra. Sobre os quatro lados ficam as quatro portas que dão acesso da Terra aos mundos do Além.

"Ao norte (à esquerda), fica a porta dos deuses (*Devayâna*), ao sul (sobre a direita), a porta dos ancestrais (*Pitriyâna*). A leste (no alto), situa-se a porta do caminho sagrado do Sol e, a oeste (embaixo), a porta real, a estrada do Senhor das águas, Varuna. As quatro portas levam às quatro direções, formando a cruz, símbolo da universalidade. Essa cruz se desenvolve numa *Svástica* dupla que indica a volta ao princípio, pelos dois caminhos voltados para a direita e para a esquerda."

O mesmo autor [4] comenta o símbolo da *Svástika* do seguinte modo:

"O conhecimento do transcendente é chamado "torcido" porque não pode ser alcançado diretamente, por estar fora do domínio da lógica humana. A cruz simples representa a redução à unidade, campo da manifestação exterior que, partindo de um ponto central, o *Bindu*, símbolo do éter, expande-se nas quatro direções, sob a forma dos quatro elementos perceptíveis. Isso não é exato do ponto de vista da divindade transcendente, que jamais pode ser reduzida à unidade. É isso que se indica com os braços "torcidos" da *Svástica* que, apesar de serem também ligados no centro, não retornam a ele e se perdem na imensidão indeterminada do espaço."

Os braços da cruz podendo "ser torcidos" para a direita (*Svástika*) ou para a esquerda (*Sauvástika*)[5] permitem que se obtenham dois símbolos que se relacionam com os dois caminhos

4. *Ibid.*, pág. 528.
5. Ver Quadro 2, figs. 1 e 2.

fundamentais, chamados "da mão direita" e "da mão esquerda". Por isso, diz ainda o mesmo autor:[6]

"O conhecimento dos aspectos transcendentes do divino não pode ser alcançado a não ser indiretamente, pelos caminhos da mão direita e da mão esquerda. Por isso, os braços da *Svástica* podem ser dobrados num ou noutro sentido. Usada como símbolo de augúrios felizes, a *Svástica* visa a recordar-nos que a realidade suprema não é acessível ao espírito humano e não fica jamais sob o controle do homem."

Na tradição hindu, distinguem-se vários caminhos principais para chegar-se ao Divino. O que se chama o "caminho da mão direita" é o do "virtuoso, do puro, do asceta que renuncia a tudo".[7] O que se designa pela expressão "caminho da mão esquerda" utiliza o poder da Natureza, as paixões e os instintos do homem para conquistar, com sua ajuda, o mundo dos sentidos. Enquanto o caminho da mão direita tem por base a moral e a ascese, o da esquerda, inteiramente místico, faz apelo às próprias paixões e pode chegar até a se valer da embriaguez e do erotismo.

Os dois caminhos estão, pois, contidos no símbolo das portas do *Yantra,* porquanto elas combinam a cruz *Svástika* e a cruz *Sauvástika* para dar a cruz potenciada.

A estrutura do *Yantra* se encontra na *Mandala,* figura mais elaborada, revestida, porém, da mesma significação. A *Mandala* pode ser de duas ou de três dimensões. Possui duas dimensões quando é pintada. Ao contrário, tem três dimensões quando o é em relevo, tendo por decoração estátuas divinas ou objetos rituais. É preciso, entretanto, acrescentar que, mesmo pintada, considera-se a *Mandala* como sendo dotada de três dimensões, o que é notavelmente evidenciada pelo fato de as muralhas e as portas serem representadas, como vimos acima, em toda a sua extensão.

6. A. Daniélou, *op. cit.,* pág. 529.
7. *Ibid.,* pág. 558.

Não pretendemos fazer aqui uma análise das *Mandalas* e suas diferentes formas. O que nos interessa é apenas o lugar que nelas ocupa a cruz e suas derivações.

Vimos que a cruz e suas formas derivadas, a *Svástika* e a *Sauvástika,* davam suporte ao conjunto do *Yantra.* O mesmo ocorre na *Mandala.*

Inscrita geralmente no círculo formado por uma enorme flor de lótus desabrochada, a *Mandala* tem o aspecto de uma cidade quadrada com quatro portas. Estas, como já dissemos, têm a aparência da letra T e estão inseridas em construções de andares suportados por colunas e decoradas com diversos enfeites.

As portas ligam-se pela muralha quadrada, cujos muros são encimados por estandartes, coberturas e vasos preciosos.

O quadrado assim delimitado fica dividido, por suas diagonais, em quatro triângulos orientados para o centro e marcados pelas cores dos pontos cardeais. Geralmente, no Tibete, o triângulo do leste é branco, o do sul verde, o do oeste vermelho e o do norte amarelo, cores essas pertencentes aos Quatro Reis Guardiães (*Lokapâla*) dos flancos do monte *Sumeru* e dos quatro continentes. Isso indica de modo claro que os quatro triângulos do quadrado central devem ser imaginados "em relevo", isto é, como se constituíssem as faces da pirâmide da montanha cósmica, identificando-se assim toda a *Mandala* com o universo, tal como o descrevemos.

É no topo desse monte *Sumeru* que em geral se abre uma flor de lótus cujo número de pétalas varia conforme a personagem do panteão ao qual está dedicada a *Mandala.* É no centro desse lótus que reside, aliás, essa personagem, à qual se reportam todas as qualidades e perfeições simbolizadas pelas diferentes partes da *Mandala.*

Uma *Mandala* búdica particularmente interessante é a do Mundo do Diamante ou *Vajradhâtu,* que se encontra tanto no tantrismo tibetano como no das escolas tântricas chinesas e japonesas.

O centro dessa *Mandala* é ocupado, efetivamente, por um grande disco onde as paredes, ornadas pelo objeto ritual chamado *Vajra* ou Diamante, delimitam nove quadrantes.

Desses nove quadrantes, os mais importantes são os do centro e os dos pontos cardeais. Os outros quatro, orientados para os pontos ordinais, são ocupados por quatro Bodhisattvas portadores de oferendas, cuja função é fazer ligação entre o disco central e as outras partes da *Mandala*.

Os cinco principais quadrantes estão dispostos de maneira a formar uma cruz.

Chama bastante a atenção o fato de os cinco quadrantes serem ocupados por cinco personagens, as quais estão igualmente dispostas em cruz e separadas por paredes de *Vajra*.

Desse modo, o disco central da *Mandala* do *Vajradhâtu* é ocupado por uma enorme cruz, cujo centro e cujos quatro braços são também constituídos por uma cruz semelhante, de menor porte.

Essa dupla disposição cruciforme não ocorre evidentemente por acaso.

Na simbologia indiana, como vimos, a cruz implica uma relação íntima entre o múltiplo e o um, seja porque a unidade emana da multiplicidade, seja porque, partindo desta, volta-se à unidade do ponto central.

Tal significado aparece nitidamente na própria escolha das personagens que figuram nos diferentes quadrantes do grande disco central.

Essas personagens são em número de vinte e cinco: entre elas, cinco são da classe de Buda e vinte da de Bodhisattva. Cada um dos cinco Budas está rodeado de quatro Bodisattvas, dispostos, em relação a ele, nos pontos cardeais.

Na concepção budística, o Bodhisattva é um ser que fez a promessa de tornar-se Buda para a salvação de todos os seres. Nas *Mandalas,* conseqüentemente, quando os Bodhisattvas circundam o Buda, é para representar as promessas e as práticas que levaram esse Buda à plenitude da Iluminação. Doutra parte, pode-se também dizer que as riquezas da Iluminação alcançada pelo Buda são como que convertidas em moedas, através das qualidades representadas pelos Bodhisattvas que o cercam.

Por isso, em cada grupo de *Vajradhâtu,* os Bodhisattvas simbolizam ao mesmo tempo as práticas que possibilitaram ao Buda atingir a Iluminação e as principais qualidades manifestadas por ele. Assim, quando se passa do múltiplo para o um, os Bodhisattvas representam o estado inicial do Buda, isto é, o período em que ele se colocou no caminho da Iluminação e se entregou às práticas. Quando, ao contrário, se começa por olhar o Buda, percebe-se que os Bodhisattvas que o acompanham encarnam suas perfeições, como a sabedoria, a concentração, a intrepidez e a compaixão.

Semelhante arrazoado pode ser aplicado ao conjunto dos cinco grupos, que são como que hierarquizados. O que se acha no centro e que domina o Buda Vairocana, o "Grande Iluminador", representa a última perfeição, a essência mesma do estado de Buda, enquanto que os outros quatro mostram os aspectos dessa perfeição, a saber: o Conhecimento semelhante ao Espelho, o Conhecimento que vê todas as coisas iguais, o Conhecimento do Discernimento Maravilhoso e o Conhecimento que torna eficazes todos os atos realizados.

Tal hierarquia é posta em evidência pelo fato de os quatro Bodhisattvas que rodeiam o Buda principal serem de uma classe diferente da dos outros dezesseis. Enquanto estes formam um grupo dito dos "Dezesseis Bodhisattvas Adamantinos" (*Vajra-Bodhisattva*), os quatro que estão no centro formam o grupo dos "Quatro Bodhisattvas das Perfeições" (*Pâramitâ-Bodhisattva*).

De fato, esses quatro últimos Bodhisattvas representam a síntese de cada um dos quatro grupos laterais. Exprimem a idéia de que as perfeições dos quatro Budas dos pontos cardeais se acham nas do Buda central, ou ainda que nada mais são que a revelação sob formas múltiplas, como os raios multicoloridos de uma luz única vista através de um prisma, da Sabedoria Última e da Suprema Iluminação.

Antes de ir mais longe com nossa pesquisa pela Ásia, não nos podemos furtar a fazer uma aproximação entre o simbolismo da cruz, tal como aparece na *Mandala,* e aquele que se pode descobrir em certas cruzes da Idade Média cristã. Conhecem-se, realmente, no coração do Ocidente Medieval, cruzes ornadas com símbolos chamados "dos Quatro Evangelistas". O que caracteriza essas cruzes é que a extremidade de seus braços está ornamentada com a reprodução de um leão, de um touro, de um homem (ou de um anjo) e de uma águia.

Sabe-se que em sua origem esses símbolos nada tinham a ver com os quatro Evangelistas. Eles aparecem pela primeira vez na célebre visão de Ezequiel (I, 10).

O Profeta descreve deste modo os "querubins" que rodeiam aquele que ele chama de "a semelhança da glória de Deus":

"E no meio, eu vi a semelhança de quatro seres vivos, e eis qual era o seu aspecto: tinham a semelhança de um homem. E cada um tinha quatro rostos, e cada um tinha quatro asas... E eis qual era a semelhança de seus rostos: um rosto de homem adiante, um rosto de leão à direita em todos os quatro, um rosto de touro à esquerda em todos os quatro e um rosto de águia em todos os quatro..."

Para Ezequiel, portanto, há quatro Seres vivos, cada um com quatro faces e quatro asas. O que se converterá mais tarde nos símbolos dos quatro Evangelistas não era na origem senão os quatro aspectos desses quatro seres, tal como se pode apreciar ainda em certas representações artísticas do Oriente Médio antigo.

São João, no Apocalipse (IV, 6-8), tem uma visão bem semelhante à de Ezequiel. Entretanto, para ele, as quatro faces tornaram-se seres diferenciados:

"À frente do trono, escreve ele, estende-se como que um mar, transparente como cristal. No meio do trono e ao seu redor estavam quatro Seres vivos, cheios de olhos, por diante e por detrás. O primeiro Ser é como um leão; o segundo Ser é como um touro jovem; o terceiro Ser tem a face como de homem; o quarto Ser é como uma águia em pleno vôo. Esses quatro Seres têm cada um seis asas consteladas de olhos em todo o seu redor e por dentro. E, dia e noite sem parar, clamam: "Santo, Santo, Santo é o Senhor, o Deus Todo-poderoso, Aquele que era, Aquele que é, Aquele que vem."

Essa descrição, em confronto com a anterior, é bastante significativa, porque destaca que os quatro Seres, situados à volta do trono, representam apenas quatro aspectos ou perfeições de um ser único, o qual só pode ser, segundo o contexto, "Aquele que estava sentado sobre o trono e se assemelha a uma visão de jaspe verde ou de coralina..." (*Ibid.*, IV, 3), isto é, Deus.

A cruz medieval com os quatro Evangelistas retoma esse simbolismo aplicando-o ao Cristo, representado no centro, quer sob a aparência de crucificado, quer sob a aparência do "Cordeiro Imolado, que permanece de pé", de que fala o mesmo livro do Apocalipse (V, 6).

Uma cruz desse tipo constitui uma espécie de *Yantra* ou *Mandala* cristã; os símbolos das extremidades representam as perfeições do Cristo localizado no centro, ou seja, sua Soberania, sua Força, sua Sabedoria e sua Realeza.

É preciso apontar, além disso, que, nesta cruz medieval, se salienta de modo particular um profundo significado cósmico. Na medida em que é possível considerar os Quatro Seres Vivos do *Apocalipse* como símbolos dos pontos cardeais, ou ainda os dos quatro elementos, sua presença nas extremidades da cruz destaca bem o papel do Cristo que, "elevado da terra", atrai tudo para si e abrange todas as coisas. Encontra-se, pois, aí o movimento duplo que sai do centro para o exterior e do exterior para o centro, que parte do um para se desenvolver no múltiplo e depois retorna da multiplicidade para a unidade.

Esse mesmo significado pode ser reencontrado nos espelhos chineses, chamados "T.L.V.", da época Han (206 a.C. — 220 d.C.).[8]

Tais espelhos são assim designados pelos ocidentais por causa dos motivos semelhantes a essas três letras presentes no seu reverso. De fato, os autores chineses e japoneses chamam-nos "Espelhos com círculo e quadrado", "Espelhos dos quatro espíritos", ou ainda "Espelhos dos doze suportes da Terra". A expressão "com círculo e quadrado" leva a que se pense inevitavelmente em *Mandalas,* enquanto que a expressão "dos quatro espíritos" nos aproxima do simbolismo da cruz medieval que acabamos de evocar. De fato, há realmente um pouco disso tudo nesses espelhos.

O Museu de Etnografia de Genebra possui um belo exemplo de espelho desse tipo. Verificamos[9] que ele data do fim do 1.º século da era cristã, e é ele que nos vai permitir ilustrar aqui o nosso assunto.

O reverso dos espelhos desse tipo oferece, assim como muitas outras espécies de espelhos chineses, duas áreas bem definidas: o centro, em forma circular e de dimensões variáveis, dominado por um grande botão, destinado a receber o cordel de suporte e a ampla moldura.

Esta última é geralmente decorada com uma espécie de folhagem vegetal onde surgem, às vezes, como precisamente no exemplo de Genebra, os quatro animais que simbolizam os

8. Ver Quadro 3, fig. 2.
9. J. Eracle, "O Céu num espelho", em *Museus de Genebra,* n.º 108, setembro de 1970.

quatro pontos cardeais, a saber: o dragão do leste, o fênix do sul, o tigre do oeste e a tartaruga do norte.

A parte central, ligeiramente côncava, aproxima-se bastante de uma *Mandala*. À volta do botão central estende-se um motivo quadrado, ornado com doze pequenos mamilos. No meio de cada lado desse quadrado vê-se sair um ornamento em forma de T, que lembra as portas orientadas para os quatro horizontes. No espaço externo do quadrado, distinguem-se os motivos em L e em V, assim como outros oito mamilos. Animais estilizados ornamentam o espaço que ficou livre.

O significado cosmológico dessa decoração salta aos olhos de quem possuir alguma noção da filosofia chinesa tradicional, tanto mais quanto os doze pequenos mamilos que balizam o circuito quadrado vêm todos acompanhados de um caráter que lhes precisa o sentido.

Segundo esses ideogramas, os doze mamilos simbolizam os doze animais do que se chama comumente o "zodíaco chinês". Esses doze animais, que servem também para designar as horas do dia, os dias do mês, os meses do ano e os próprios anos, em ciclos de sessenta anos, significam que a Terra, representada pelo quadrado de quatro portas, conforma-se à ordem cósmica ou, para usar o linguajar chinês, à ordem do Céu. Sob outro ponto de vista, esses doze animais simbolizam as forças que sustentam a Terra, permitindo-lhe assemelhar-se à ordem das coisas, conforme inscrita no Céu. É por isso que os espelhos "T.V.L." são também chamados "Espelhos dos doze suportes da Terra".

Se os doze animais representam as relações existentes entre o Céu e a Terra, os oito mamilos que circundam o quadrado central simbolizam as oito forças elementares, habitualmente evocadas pelos *Pa-kua,* os Oito Trigramas. Estes resultam da combinação tríplice do princípio *Yang,* ativo e luminoso, com o princípio *Yin,* passivo e tenebroso. Os oito Trigramas estão, além disso, relacionados com os oito pontos do horizonte. Combinados dois a dois, dão por sua vez nascimento aos 64 hexagramas cujas mutações, explicadas no célebre livro do *I Ching,* governam as dez mil coisas, isto é, toda a criação e suas transformações incessantes.

Não podemos aqui avançar mais, no que diz respeito a essa filosofia profunda. Basta-nos salientar que nos espelhos "T.L.V.", como nas *Mandalas* e nos *Yantras* da Índia e do Tibete, a cruz potenciada aparece como estrutura fundamental. Isso se destaca ainda num espelho do tipo do de Genebra, uma vez que as quatro portas em forma de T se voltam respectivamente para os quatro animais dos pontos cardeais que ornamentam a moldura exterior da peça.

A cruz como tal desempenha papel importantíssimo na China, pois aparece na série das chaves, ou seja, no conjunto de signos fundamentais com os quais se compõem todos os ideogramas chineses. Como chave da escrita, a cruz ocupa a 24.ª posição e é utilizada como o número dez, que se pronuncia "Chê".

Esse ideograma é interessante, pois resulta da divisão, por meio de uma linha vertical, de uma linha horizontal que é a primeira de todas as chaves, usada como número um e simbolizando a unidade.

A cruz, como ideograma, significa portanto "dez" e tudo quanto se relaciona com esse número; por derivação, pode exprimir uma plenitude, uma totalidade, devendo, então, segundo o contexto, traduzir-se por "tudo" ou "todos". Por isso, pode-se-lhe também dar o sentido de "grande número" ou "multidão".[10]

Esses diferentes significados aproximam singularmente o caráter "dez" chinês da cruz conhecida sob outros céus ou em outros contextos, como abrangendo o universo, nela se simbolizando o universo justamente pelas dez direções que correspondem aos quatro pontos cardeais, aos quatro pontos ordinais e aos dois pontos da direção vertical.

10. Ver Quadro 2, figs. 4 a 6.

Não se trata de uma representação fantasiosa, pois, no século XI de nossa era, o dicionário Chono-wen assim explicava este caráter: "O dez é o mais perfeito dos números: a linha horizontal é o Leste e o Oeste, e a linha vertical, o Sul e o Norte; desse modo, as quatro direções e o centro encerram-se nele."[11]

Esse significado todo espacial da cruz ou, neste caso, do caráter "dez" chinês, é suscetível de enriquecimento, se fizermos alguns acréscimos ao signo inicial.

Com efeito, se pusermos no meio desse ideograma um traço subindo ligeiramente para a direita, obteremos o número "mil"; se, ao contrário, acrescentarmos a cada um de seus braços um traço perpendicular, o número "dez" transforma-se em *Svástika* ou, mais exatamente, em *Sauvástika,* com os acréscimos voltados para a esquerda. Nesse caso, o novo ideograma lê-se "Wan" e serve para substituir, nas numerações, o caráter mais complicado que significa "dez mil".

Este significado chinês da *Sauvástika* é instrutivo porque o número dez mil serve para designar, em filosofia, as "dez mil coisas", isto é, a totalidade de tudo o que existe no universo, inscrevendo-se, por conseguinte, nesse espaço representado pela cruz ou pelo número dez.

As transformações da cruz permitem a obtenção de outros ideogramas, cuja análise nos leva a conclusões altamente interessantes do ponto de vista da concepção chinesa tradicional do universo.

Colocando-se um traço vertical sob o ideograma "dez", como se fosse um suporte ou pedestal, tem-se o caráter "T'u", 32.ª chave do alfabeto chinês, que designa a Terra. "Aquela que sustenta todas as coisas".

Se a esse novo ideograma acrescentarmos um traço horizontal superior, como se fosse preciso cobrir e proteger a Terra e

11. L. Gaillard, *Cruz e suástica na China,* Xangai, 1904, pág. 122.

tudo o que ela contém, obteremos o signo "Wâng", que designa o rei ou o imperador.[12] Segundo a cosmologia tradicional, distinguem-se, com efeito, três planos: embaixo está a Terra; no alto, o Céu, e entre os dois, o Homem, cuja função é realizar na Terra a ordem do Céu. Se considerarmos agora que o rei ou imperador é o Homem por excelência, ou seja, aquele que, por meio dos ritos, aponta a cada um dos seres o seu lugar, o sentido profundo do signo "Wâng" fica explicado.

Os ideogramas *"T'u"* e *"Wâng"*, contendo, como acabamos de ver, o signo mais elementar da cruz, conduzem-nos a um significado que haveremos de encontrar em outros horizontes, qual seja, o da cruz como escada, unindo o mundo daqui de baixo ao de cima: nos dois casos, o traço vertical sugere a subida para o alto, enquanto que os traços horizontais evocam os diferentes planos que é preciso atravessar no curso dessa ascensão.

Por tudo o que foi dito, vemos que a cruz, como ideograma ou parte de ideograma, vem carregada de profundo significado cosmológico, relativo à interpretação do mundo dada pelos grandes sábios da China tradicional.

Entretanto, ela aparece também na China como símbolo búdico e, como tal, encontra-se em todos os países em que penetrou um Budismo de inspiração chinesa, isto é, na Coréia, no Vietnã e no Japão.

A bem da verdade, trata-se de uma de suas variações que os budistas do Extremo Oriente apreciam muito particularmente, a ponto de representá-la na cor do fogo, sobre um fundo imaculado, na decoração de lanternas ou sobre bandeiras e estandartes: trata-se da cruz gamada, que pode ser vista também tanto sob o aspecto invertido da *Sauvástika* como sob sua forma normal de *Svástika*.

Este sinal é vulgarmente designado sob o nome de "Coração de Buda". Como tal, muitas vezes é visto sobre o peito de

12. Ver Quadro 2, figs. 7 e 8.

estátuas do Buda "histórico", Çâkyamuni ou do Buda "ideal" Amitâbha, o Senhor da Luz Infinita.

Em seu "Método de Meditação" (*Kuân-Gnién Fa-Mênn*), o mestre chinês Chen Tao, morto em 681, sob a dinastia T'ang, dá conselhos precisos a respeito da "visualização" do Buda Amitâbha; encontra-se aí particularmente a seguinte indicação: "A seguir, medite sobre a marca da Plenitude Aprazível que está sobre o peito do Buda: é o ideograma das 'Dez mil virtudes' e brilha de modo peculiar."

Por essa passagem, vê-se que a marca da Plenitude Aprazível, isto é, a *Sauvástika,* que está sobre o peito do Buda, contém as "dez mil virtudes", o que é uma alusão à sua forma que, já o dissemos, não passa de um modo de escrever o número dez mil.

De fato, a expressão utilizada pelo Mestre chinês para designar a *Sauvástika,* a saber, "Igualdade", ou "Paz" e "Plenitude", evoca a verdadeira origem deste símbolo. Realmente, na origem, este símbolo não é outro senão o *Çrîvatsa* [13] ou "Marca da Felicidade", o tufo de cabelos, que figura entre os trinta e dois sinais de excelência do Grande Ser (*Mahâpurusha*) na tradição indiana e que Vishnu traz junto ao seio esquerdo.

Com o passar do tempo, enquanto no Extremo Oriente o *Çrîvatsa* se transformou em *Sauvástika* e às vezes em *Svástika,* sobre o peito de Buda, ele conservou a aparência de nó sem princípio nem fim para figurar entre os Oito Símbolos de Bom Augúrio do Budismo. Esse nó é interessante porque se apresenta como o sêxtuplo cruzamento de um fio único e dá a impressão de cruzes entrelaçadas cujas extremidades estariam ligadas entre si.

A *Svástika* aparece também como parte integrante de um símbolo misterioso que figura na *Mandala* da Matriz da Compaixão (*Mahâkarunâgarbha-Mandala*), que é uma das duas *Mandalas* fundamentais da Escola da *Dhâranî* ou Palavra Ver-

13. Ver Quadro 2, fig. 3.

dadeira (em chinês: *Tchen-Yen;* em japonês: *Shingon*), escola búdica muito importante da China e do Japão.

Essa escola se vale de duas *Mandalas* complementares, das quais uma, a Matriz da Grande Compaixão, simboliza o caráter inato da budeidade no seio de todos os seres, e a outra, o Mundo de Diamante, do qual já descrevemos a parte central, representa a realização efetiva, graças à Iluminação, dessa budeidade latente.

Na *Mandala* da Matriz, a *Svástika* aparece duas vezes, e as duas vezes num mesmo símbolo. Esse símbolo é chamado "Selo do Conhecimento de todos os Budas" (Sarvatathâgatjrâna-Mudrâ) e tem a aparência de um triângulo ígneo mantido em pé, vértice para cima, sobre um lótus precioso de pétalas abertas, enquanto um halo de chamas envolve o conjunto. A *Svástika* brilha uma primeira vez bem no centro do triângulo, e encontramo-la uma segunda vez, cintilante, sobre o vértice do mesmo triângulo.

Na obra que escreveu sobre "As Duas Grandes Mandalas e a Doutrina do Esoterismo Shingon",[14] o Reverendo Ryûjun Tajima assim explica esse simbolismo:

"A *Svástica,* diz ele, é o símbolo de *Çrî*. Presente sobre o peito do Buda, é explicada como tal em todos os *Sûtras;* representa os méritos de todas as virtudes do Buda. A dar-se crédito às explicações místicas, a *Svástika,* considerada como caráter, pronuncia-se *"Man"* (em chinês *"Wan"*), o que corresponde à *Svástika* da seita *Dharani*.

"A *Svástika* do interior do triângulo simboliza o 'Corpo da Lei que goza espontaneamente por si mesmo da felicidade do Buda' (*Svasambogajnâna-Dharmakâya*). A *Svástika* no centro das chamas, sobre o triângulo, simboliza o 'Corpo da lei que goza pela mediação do Buda da felicidade do Buda' (*Parasambhogakâya*)."

14. R. Tajima, *As duas grandes mandalas e o esoterismo shingon,* Presses Universitaires de France, Paris, 1959, pág. 284.

O "Corpo da lei que goza espontaneamente por si mesmo da felicidade do Buda" designa o estado de espírito graças ao qual o próprio Buda goza de sua própria budeidade. Estreitamente ligado ao anterior e dependente dele, o "Corpo da lei que goza pela mediação do Buda da felicidade do próprio Buda" não é senão a revelação fulgurante, presente no seio dos Bodhisattvas mais elevados e dos discípulos mais puros, da Iluminação Suprema, que é a essência da budeidade.

Impossível avançar mais fundo nestas concepções sublimes. Estas explicações bastam, acreditamos, para deixar entrever a importância da cruz, desenvolvida sob a forma de *Svástika,* na tradição búdica.

Finalmente, depois de efetuar este giro através da Ásia, podemos certamente dizer que, em geral, nas regiões da Índia, do Tibete ou do Extremo Oriente, a cruz e suas formas derivadas da *Svástika* e da *Sauvástika* estão essencialmente revestidas, com variações, de dois sentidos: de um lado, simbolizam o próprio universo, em sua extensão através do espaço, bem como a presença atuante do Divino, ou de uma Lei eterna, no próprio seio das coisas; doutro lado, elas evocam o mundo interior da consciência, com sua estrutura, suas qualidades, e suas perfeições múltiplas, constituindo uma espécie de itinerário espiritual que leva à unidade profunda, além de toda multiplicidade. Esses dois significados são considerados estreitamente complementares, porquanto, segundo as diferentes filosofias asiáticas, o universo de dez mil coisas não tem sentido para o sábio, a não ser na medida em que faz parte de sua esfera de consciência, ou porque aí se solta totalmente na calma interior, ou porque aí desenvolve, por uma espécie de refluxo, as atividades múltiplas do amor e da compaixão. E isso nos traz novamente a significação elementar da cruz e os diversos sentidos que ela toma nas outras esferas culturais, a saber: a de um movimento alternado que faz com que o um se torne múltiplo e que o múltiplo retorne à unidade.

J. E.

Capítulo II

A CRUZ DO BUDISMO TÂNTRICO OU O DIAMANTE UNIVERSAL

Quando os primeiros missionários cristãos chegaram à China, ficaram atônitos com a descoberta de numerosas representações da cruz em monumentos búdicos. Daí a deduzir que se tratava de vestígios de uma antiga influência cristã não era preciso senão dar um passo, o que os bons padres fizeram tranqüilamente. Entretanto, o que na verdade eles viram não tinham a menor relação com o Cristianismo. Tratava-se de um símbolo de origem indiana, chamado em sânscrito *"Viçvavajra"*, isto é, "Diamante universal".[1] Esse símbolo, que corresponde a um objeto ritual encontrado no Budismo tântrico, tanto japonês quanto tibeto-mongólico, constitui-se de dois *"Vajra"*, ou "Diamantes", que se cortam em ângulo reto.

O *Vajra* simples é um objeto ritual bem mais utilizado que o *"Vajra* em cruz". Nas cerimônias comuns, ele em geral é manipulado ao mesmo tempo que a campânula. Enquanto esta, por sua cavidade, simboliza a sabedoria ou a realização da Vacuidade universal, o *Vajra* representa a Compaixão ou o método que conduz à percepção do Vazio de todas as coisas. A esses dois objetos liga-se também um simbolismo sexual, estreitamente misturado, aliás, aos significados antes mencionados,

1. Ver Quadro 3, fig. 1.

reportando-se a campânula ao órgão feminino e o *Vajra* a seu correspondente masculino.

Originalmente, o *Vajra* é o atributo de Indra, o deus védico do raio, convertido na mitologia búdica num dos deuses principais do Mundo do Desejo.

De fato, no Budismo tântrico, o *Vajra* é o atributo do Buda azul Akshobhya, que reina sobre um mundo situado ao Leste, e contém em si mesmo todo um simbolismo no qual vamos encontrar a cruz.

O *Vajra* compreende uma esfera central da qual partem, em direções opostas, dois apêndices simétricos. Cada um deles traz em primeiro plano o cálice de uma flor de lótus. Desse cálice emergem quatro cabeças de *Makara,* uma espécie de delfim mítico. Tais cabeças, que se opõem duas a duas em forma de cruz, esguicham jatos d'água que, como em certas fontes públicas, convergem para um pilar central. Os dois pilares centrais se correspondem e formam um eixo único que atravessa o *Vajra* em toda a sua extensão.

Visto por uma de suas extremidades, o *Vajra* tem o aspecto de uma cruz grega, que apresenta um centro quadrado ou redondo e quatro entroncamentos. Por trás, percebe-se um segundo círculo, o qual nada mais é do que o contorno do cálice da flor do lótus.

O significado desses detalhes todos é muito rico e retoma o simbolismo da *Mandala* chamada "dos Cinco *Jina* ou Budas Vitoriosos", estando estes situados no centro e nos quatro pontos cardeais. Reencontramos, pois, aqui o simbolismo da cruz que abrange o espaço, o que se destaca ainda mais no caso dos *Vajra* de oito entroncamentos, relacionando-se estes com os quatro pontos cardeais e com os quatro pontos intermediários.

Em sua realidade profunda, o *Vajra* traduz uma noção fundamental do Budismo tântrico, a saber: que tudo é composto dos seguintes seis elementos: a terra, a água, o fogo, o ar, o espaço e a consciência. O centro do *Vajra* evoca o espaço, e os entroncamentos os quatro elementos da matéria; a consciência é considerada como absorvendo todo o conjunto.

Entretanto, como já vimos, o *Vajra* compreende duas partes simétricas que se opõem em cada um dos lados de uma gota central. Esta disposição resume todo o método do Budismo tântrico: segundo essa doutrina, tudo tende a transformar nosso espírito, contaminado pela ignorância e pelas paixões, no espírito do Buda, iluminado pelas cinco Sabedorias ou Conhecimentos. Nessa perspectiva, o centro e os quatro entroncamentos representam, de um lado, os cinco grupos (*Skandha*), que compõem nosso ser móvel, a saber: as formas, as sensações, as percepções, as volições e as tomadas de consciência; e de outro lado, a Sabedoria semelhante ao Espelho, a Sabedoria da Igualdade de todas as coisas, a Sabedoria do Discernimento, a Sabedoria da Realização e a Sabedoria que penetra o universo todo.

O simbolismo do *Vajra* carrega-se de sentido mais complexo ao se transformar no *"Vajra em cruz"* ou *"Vajra Universal"*. Então, estando disposto em forma de cruz formada de quatro cruzinhas orientadas para os quatro horizontes, ele representa o próprio coração da *Mandala* do Mundo de Diamante ou *Vajradhâtu,* do qual já falamos. A esfera central simboliza, de fato, o Grande Iluminador ou Buda do centro, enquanto que os quatro entroncamentos representam os outros quatro *Jina,* acompanhados de seus quatro assistentes.

Aqui, como aliás em todos os outros pontos, a cruz evoca tanto o movimento que parte de um ponto para propagar-se em todas as direções do espaço quanto àquele que, partindo da multiplicidade, reduz progressivamente todas as coisas à unidade.

No caso do *Vajra,* esse movimento de retorno à unidade também é evocado pelos *Vajra* chamados "de uma só ponta", onde tudo converge para o grande eixo central. Por sua vez, este é concebido de modo a lembrar as quatro direções, pois sua forma é quadrada, comportando assim quatro faces.

Entretanto, há um tipo de *Vajra* intermediário que deve ser mencionado, embora nele não apareça a cruz. Realmente, pode-se encontrar também o *Vajra* de três pontas. Estas, por um simbolismo relacionado ao das outras formas deste gênero de objeto ritual, ligam-se, de um lado, com as três paixões fundamentais do Desejo, do Ódio e do Erro e, de outro lado, com as três perfeições da Sabedoria, da Compaixão e do Poder salvador, expressas habitualmente nas três famílias de divindades chamadas Buda, Lótus (*Padma*) e Diamante (*Vajra*).

Isto tudo mereceria evidentemente longas explicações, que não temos nenhuma possibilidade de apresentar aqui.

J. E.

Capítulo III

A CRUZ NA AMÉRICA

Segundo uma lenda, um dos doze apóstolos, Bartolomeu, teria convertido ao Cristianismo a Arábia e a Índia. Desembarcando no Novo Mundo, os primeiros conquistadores espantaram-se ao ver que os indígenas usavam profusamente símbolos da cruz; viram nisso uma confirmação do apostolado de Bartolomeu. Assim é que Poma de Ayala escreveu, em 1615, que o apóstolo realizara um milagre num vilarejo assolado pelo fogo do céu e convertera um índio. Para esse cronista, o rei Melquior teria sido um índio da América.

Para compreender essa reação, basta pensar, por exemplo, na estela de Palenque, que deu seu nome ao templo mexicano chamado da Cruz, e a vários outros monumentos maias. Para os conquistadores, parecia claro que os indígenas já haviam sido cristianizados antes; ao longo dos séculos, isolados do centro da cristandade, teriam esquecido parte do ensinamento dispensado por Bartolomeu. Na América do Norte, na América Central e, em certa medida, na América do Sul, inúmeros objetos feitos à mão antes da chegada dos europeus estavam ornados com cruzes diversas, Svástikas, cruzes gregas, latinas, de Malta etc.

As religiões antigas do Novo Mundo apresentam entre si pontos comuns e, sob vários aspectos, recordam os modos de pensar que caracterizaram outrora a estepe eurasiática. Por toda parte, redescobre-se a preocupação de orientar-se dentro do universo e de colocar-se em harmonia espiritual com o estado central, primordial, existente na origem de toda manifestação, a fim de estabelecer comunicação com as forças que governam o mundo e a existência. No que concerne ao período pré-colombiano, estamos relativamente bem informados sobre o pensamento dos mexicanos antigos, pensamento que reencontramos, aliás, sob outras formas, na América do Norte, junto aos índios "pueblos" e aos da planície.

Para os antigos mexicanos, o mundo foi construído à imagem de uma cruz, no cruzamento dos caminhos que levam do leste ao oeste e do norte ao sul. "Quando os escribas primitivos procuravam representar o mundo, eles agrupavam em forma de cruz grega ou de cruz de Malta os quatro espaços à volta do centro."[1] (Nos manuscritos, o leste é vermelho, o sul azul, o oeste branco, o norte negro, enquanto o centro, que é ao mesmo tempo o ponto de contato dos quatro espaços e o lugar de encontro do nosso mundo com o do Além, é multicolorido.) Da mesma forma, não deve causar espanto também a importância dos números quatro e cinco (as quatro direções e o centro) em toda a mitologia e nos rituais. A vestimenta do grande deus Quetzalcoatl, que governa sobretudo o leste e o oeste, estava ornada com cruz porque se trata do deus móvel por excelência, aquele que passa através dos espaços para morrer e renascer ao leste.[2] Isso explica a facilidade com que os indígenas acolheram a cruz cristã.

O pensamento cosmológico mexicano associa estreitamente o espaço e o tempo. A cada ponto cardeal corresponde um sinal que marca o início de um ano venusiano: a leste o monstro

1. J. Soustelle, *O pensamento cosmológico dos antigos mexicanos*, Paris, 1940, pág. 76.

2. *Ibid.*, pág. 85. Uma vez falecidos, os imperadores astecas eram cremados, revestidos dos ornamentos de Quetzalcoatl, para assegurar-lhes com isso a ressurreição.

aquático, ao sul o caniço, a oeste a água, ao norte a serpente e no centro o terremoto. Existe um espaço-tempo onde os fenômenos naturais e os atos humanos são mergulhados, "impregnando-se das qualidades próprias de cada lugar e de cada momento. Cada lugar-momento — complexo de lugar e de eventos — determina de modo irresistível e previsível tudo quanto se encontra nele colocado".[3] A cruz, associada ao planeta Vênus pela mediação da dimensão Tempo, simboliza assim a lei do universo, a alternância de qualidades distintas que dominam e se desvanecem, ressurgindo depois, eternamente. Sob outra forma, aparece a lei chinesa do eterno retorno, alternado pelos princípios opostos e complementares do yin e do yang.

O hieróglifo asteca mais usado é uma figura de múltiplas variações que compreende quatro pontos e um centro. Este quincunce representa o ponto de contato entre o céu e a terra, o cerne onde se opera a junção dos princípios opostos.

L. Séjourné mostrou que o quincunce é também uma estilização do quadrilátero e do triângulo, representando seu centro o ápice de uma pirâmide cuja base é o quadrado, reduzida a uma superfície plana. Reencontra-se a idéia fundamental dos quatro elementos simbólicos de base e dos quatro pontos cardeais unidos ou salvos por um centro unificador, de uma região central onde se manifesta a verticalidade, o baixo e o alto. No México antigo, o cinco é também o número de Vênus e o do deus Quetzalcoatl, redentor por excelência, senhor do fogo, cujo coração se eleva até os céus sob a forma do planeta Vênus.[4] A cruz grega ou de Malta, derivada do quincunce, tornou-se dessa maneira o símbolo de Vênus e de Quetzalcoatl. Ela aparece no escudo sustentado por esse deus, senhor do vento e da aurora, que encarna, ainda, a vida, o movimento e a saúde. O simbolismo da cruz aproxima de modo assombroso o pensamento mexicano e o pensamento cristão num plano esotérico.

3. *Ibid.*, pág. 21.
4. L. Séjourné, *O pensamento dos antigos mexicanos,* Maspero, 1966.

Alguns exemplos norte-americanos mostrarão que esse paralelismo não está limitado à América Central.

Encontraram-se em antigos túmulos indígenas do Tennessee ornamentos, feitos de conchas, representando uma aranha; o corpo circular do inseto traz uma cruz grega ou uma *Svástika*. No pensamento indígena, o homem ou a mulher-aranha é o ser que, originalmente, moldou o mundo tal qual o conhecemos, sob a direção de um grande espírito criador. A aranha portadora da cruz representa, pois, o mundo orientado, manifesto, dinâmico. Além disso, a imagem da aranha evoca imediatamente a teia labiríntica, o fio, a tecedura; e depois, em segundo plano, os símbolos evocados por estas novas imagens. Outros objetos, provenientes igualmente do Tennessee, estão ornados com uma cruz giratória, de braços roliços ou formando um ângulo reto, ou então, com uma cruz grega inscrita num círculo, do qual saem raios. Descobertas análogas foram feitas em vários outros pontos dos Estados Unidos.

O parentesco evidente entre os xamãs siberianos ou lapões e os "homens-medicina" da América do Norte aparece de forma notável na decoração de seus tambores. Como o tambor lapão, para citar apenas um exemplo, o do "homem-medicina" da Dakota do Norte traz um motivo cruciforme. O tambor desses índios da planície também está ornado com a imagem do universo; fazem-no vibrar para que produza um som primordial, eficaz, criador.

Exemplos finais, entre muitos outros: certas "pinturas-secas" dos índios navajos, executadas com pós coloridos espalhados sobre o solo, por ocasião de determinadas cerimônias. Tais pinturas são em seguida apagadas. Uma delas, ligada ao "Canto da Montanha", tem como centro um disco negro representando uma esfera d'água coberta de pó negro. Quatro raios de sol são colocados em cruz no interior do círculo; outros quatro maiores, no exterior. Os raios exteriores servem de base a quatro grandes personagens: os deuses protetores dos quatro pontos cardeais.

Entre esses quatro deuses, a meia distância, portanto, dos pontos cardeais, estão desenhadas quatro plantas sagradas: o milho, o feijão, a aboboreira e o tabaco; elas estão ligadas à água central por cinco pequenas raízes cada uma. Cada divindade carrega três objetos num cesto circular, no qual está inscrita uma cruz grega. Prolongando os braços dessa cruz, quatro penas dobradas ao meio em ângulo reto e voltadas à esquerda formam uma *Svástika*. O conjunto da composição pictórica é rodeado pelo motivo do arco-íris protetor.

Outras pinturas nas quais aparecem *Svástikas* e cruzes são igualmente executadas sobre o solo, no interior de um arco-íris antropomórfico. Uma, executada paralelamente a um canto noturno, consiste em quatro barras simbolizando os quatro elementos saídos do Grande Espírito. O canto chamado "Caminho da Vida" prende-se à cosmogonia dos índios navajos. Do centro circular, representando o Grande Espírito, saem quatro tochas que iluminam as quatro direções do mundo. Cruzes gregas dispostas nas extremidades das tochas simbolizam a chama. As tochas delimitam quatro setores. Um é ocupado pelo guardião do fogo celeste que escondeu este elemento na madeira a fim de incitar o homem a desenvolver-se, procurando-o. Nesse setor, o fogo, simbolizado por uma cruz grega radiante, marca a saída do caminho seguido pelo Coiote ladrão do fogo; a pista termina no quarto setor, junto do primeiro homem e da primeira mulher. Outros símbolos colocados nos quatro setores desta pintura sagrada salientam o papel fundamental da luz na criação da humanidade e seu desenvolvimento, do céu à terra, graças ao Coiote transportador. Não se pode deixar de lembrar-se aqui de Prometeu preso a seu rochedo, como o Cristo na cruz, condenado à imobilidade até a hora de sua libertação. Ferido no flanco como o Cristo na cruz, Prometeu desempenhou para os gregos o papel do ladrão do fogo primordial que se encontra na maioria das cosmogonias.

Para os índios navajos, a cruz vermelha significa o fogo; azul ou negra, ela simboliza a madeira que contém o fogo. Uma cruz pode ainda representar uma viagem, uma estrela ou um espírito. As cruzes grega e *Svástika* são os signos eminentemente protetores, benéficos, e isso deve ser enfatizado, independentemente de qualquer influência cristã. Pode causar espanto o fato de que os missionários cristãos pouquíssimas vezes se tenham perguntado por que a cruz possuía significado tão elevado nas religiões chamadas primitivas, e se esse fenômeno não implicaria um princípio de base, do qual o Cristianismo não passaria de um de seus reflexos.

Destaquemos, enfim, que, na América, bem como na Ásia, houve empenho no sentido de determinar as cores próprias para os pontos cardeais. Os motivos cruciformes ou quadripartitos que exprimem uma totalidade são, pois, com freqüência, quadricromados.

R. C.

Capítulo IV
A CRUZ GIRATÓRIA

Deve ser reservado um lugar especial ao símbolo mais geralmente conhecido pelo nome de cruz gamada ou *Svástika*. O uso que dela fez o regime hitlerista bastaria para demonstrar que certos signos inspiram idéias-forças exploradas dentro de um espírito positivo ou negativo. Em essência, trata-se do símbolo de um movimento de rotação em torno de um centro, ou de um eixo, símbolo muitas vezes relacionado com o fogo e, portanto, com a luz e com a vida.

Nosso universo, com efeito, é animado pelo movimento, desde a partícula mais elementar, até as galáxias. Isso é da mesma forma verdadeiro quer se trate do que chamamos de matéria ou de espírito. A verdadeira imagem da morte, não será a imobilidade absoluta do espírito e da matéria, a ausência completa da luz em meio às trevas? Desse modo, a cruz giratória seria uma imagem do Princípio que anima a totalidade do espaço e do tempo.

René Guénon associou a *Svástika* "à tradição primordial, uma vez que ela é encontrada nos mais diversos países, e mais afastados uns dos outros, desde as épocas mais remotas".[1] Em

---

1. René Guénon, *op. cit*. Alguns autores, entre eles J. Churchward e L. C. Vincent, fazem remontar essa tradição a um continente hipotético, Mu, que teria submergido quando do dilúvio, há talvez 10.000 anos — continente que ocuparia o lugar da atual Oceania.

1934, J. Lechler escrevia que a cruz gamada aparecera pela primeira vez na Boêmia e na planície danubiana, três milênios antes da nossa era, e que a Mesopotâmia antiga a desconhecia. Signo tipicamente indo-germânico, ter-se-ia propagado pelo mundo todo.[2] Essa opinião nacional-socialista é insustentável, porquanto foi justamente na Mesopotâmia, em Samarra, que se encontraram cruzes giratórias em pratos côncavos que datam do período chamado Hassounah.[3] Do que se tratava exatamente?

Diversos pratos estão decorados com uma cena onde se vêem mulheres dançando, os cabelos flutuando ao vento. Em dois pratos, quatro mulheres com os pés unidos no centro, formando assim uma cruz, têm longa cabeleira flutuando para a direita, o que indica, de modo claro, que as dançarinas voltam-se da direita para a esquerda. Um desses pratos traz uma guirlanda de oito escorpiões, todos voltados para a esquerda. As mãos das dançarinas são esboçadas e têm apenas três dedos. É inegável que o artista teve a intenção de representar um motivo cruciforme e de sugerir a idéia de movimento giratório.

Outro prato de Samarra está decorado no centro por uma cruz giratória. Cada elemento da cruz prolonga-se, em ângulo reto, por uma espécie de antebraço terminado com três dedos. Esse motivo central é circundado por uma guirlanda de escorpiões voltados da esquerda para a direita. O artista quis certamente exprimir a mesma idéia, como o testemunham as personagens de cabelos ao vento, os dedos delimitando a cruz e os escorpiões executando uma ciranda. Tais exemplos permanecem isolados na antiga Mesopotâmia onde, em contrapartida, representaram-se com freqüência outros tipos de cruz.

Por outro lado, a cruz giratória é motivo utilizado muitas vezes em Tróia, desde Tróia II (2600-1900). Alguns desses signos parecem ser símbolos solares, mas não devemos cometer

2. Ver J. Lechler, *Vom Hakenkreutz*, Curt Kabitzsch, Leipzig, 1934.
3. Ver B. L. Goff, *Símbolos da Mesopotâmia pré-histórica*, Yale, Univ. Press, New Haven & London, 1963.

o erro, alertado por Guénon, de fazer desta cruz um signo exclusivamente solar. Uma estatueta feminina descoberta em Tróia exibe uma *Svástika* do sexo. A noção de geração, de criação, é evidente.

Na Grécia, os túmulos micênicos do século XVI a.C. forneceram um número importante de objetos decorados com cruzes giratórias, em geral de braços roliços. Duas composições têm ao centro uma dessas cruzes inscrita num círculo e flanqueada, num caso, por duas cruzes gregas inscritas num círculo e, no outro caso, por dois trísceles. Isto nos faz pensar numa figura central (Vênus?), ladeada por dois assessores (os Dióscuros, os dois aspectos de Vênus?).

Em Creta, a cruz giratória tem sido reproduzida em moedas, quer isoladamente, quer ocupando um quadrado de nove casas; as quatro casas angulares desocupadas dão destaque ao motivo.

Mencionemos igualmente uma moeda cretense em que quatro machados duplos estão dispostos de maneira a sugerir uma cruz giratória, e outra moeda onde os braços e as pernas do Minotauro sugerem também essa mesma cruz.

As tradições cretense e micênica percebem-se no estilo grego arcaico, chamado Dipylon (1100-900). Uma das cenas mais notáveis, datada dessa época, representa um carro fúnebre puxado por dois cavalos, carpideiras etc., e sobretudo três grandes cruzes giratórias e aves, gansos ou cisnes. Um pássaro está ligado às três cruzes,[4] outro está sobre os cavalos, dois

4. Na mitologia escandinava, trata-se da fonte do destino, Urd, que corre junto de uma das raízes da árvore-eixo do mundo. Nessa fonte banham-se cisnes. Ora, etimologicamente, Urd poderia ser aparentado com a palavra latina *vertere=verter*. Essa coincidência de cisnes e da noção de movimento giratório, na Grécia e na Escandinávia, certamente não é casual.

A simetria dos cisnes, colocados à esquerda e à direita da árvore-eixo do mundo, observa-se também na arte Dipylon. Pássaros ladeiam um motivo central (o lótus estilizado?). Na antiga Chipre, reproduziram-se cruzes giratórias que ladeavam um motivo lotiforme central.

penduram-se sobre o leito de colunas onde descansa o defunto, leito que está depositado sobre o carro fúnebre. Sobre diversas estatuetas beócias, representando provavelmente uma deusa da fecundidade, o artista reproduziu várias *Svástikas,* associadas às vezes a aves, quer palmípedes, quer pernaltas. Idêntica associação numa urna funerária.

Várias representações de uma deusa alada, senhora dos animais, vêm acompanhadas por cruzes giratórias, encontradas igualmente noutro contexto, ou isoladas. Acha-se, por vezes, essa cruz em vestimentas, em alguns casos à altura do ventre, o que nos faz pensar na pequena figura de Tróia mencionada há pouco; numa reprodução de Apolo dirigindo uma quadriga, a cruz, entre dois pequenos círculos, decora o peito do deus.[5]

A antiga Itália, nela compreendida a Etrúria, a Magna Grécia, assim como os mundos celta, germânico e eslavo conheceram inúmeras variedades de cruzes giratórias; o que impressiona, ao norte da Europa, é a associação freqüente da cruz giratória e do trícele, estreitamente aparentado ao nó tríplice escandinavo, o "valknut", provavelmente um símbolo da alma. Observou-se já a mesma associação em Micenas.

O uso da cruz giratória teve continuidade com a iconografia cristã. Esse motivo pode desempenhar um papel decorativo, como foi o caso antes do Cristianismo; pode refletir concepções pré-cristãs, ou ainda exprimir de maneira renovada o sentido profundo do símbolo. Assim, sobre uma placa de marfim do século IX, sob um Cristo majestosamente entronizado, circundado por doze apóstolos, o artista gravou um quadrado cujo centro forma a origem dos quatro rios do Paraíso. Os cursos dos quatro rios desenham uma cruz giratória arredondada. Outro exemplo: o tímpano que encima o pórtico da igreja de Oberröblingen,[6] que representa um carneiro portador da cruz emoldurada pela mão do Criador, de um lado e, de outro, por uma

---

5. Lechler, *op. cit.*, pág. 46, fig. 24.
6. *Ibid.*, pág. 31, fig. 28.

cruz giratória e uma "flor" de cinco pétalas (o pentagrama?). Essa cruz giratória é em tudo idêntica à cruz que se poderia chamar labiríntica, reproduzida em numerosos exemplares sobre rochedos do norte da Itália (vale Camonica), e daí, impropriamente alcunhada de rosa camuniana.

O símbolo da cruz giratória aparece também na Índia, na China e no Japão, sobretudo numa perspectiva budista e jainista. Para os jainistas, ele designa a origem primeira da vida. Vem muitas vezes associada a outros símbolos, à roda da Lei, ao sol, à lua, às árvores da vida, à "triçula" (signo Trífido). Ela aparece no peito do Buda, bem ao lado do coração (esterno), e acompanha, portanto, o Desperto, à semelhança de Apolo ou, na Gália, do deus chamado de postura búdica. No Tibete, era colocada sobre o peito dos defuntos como penhor de renascimento.[7] Na China, a *Svástika* converteu-se no ideograma que representa dez mil, isto é, a totalidade, a eternidade ou, pelo menos, uma vida bem longa e abençoada. A chamada cruz grega, lembremo-nos, designa na China o número dez, como em Roma.

Nas Américas do Norte e Central, cruzes gregas e giratórias foram usadas dentro do mesmo contexto do mundo antigo. Já não existem dúvidas quanto a isso. Trata-se de um símbolo universal que se impôs de maneira "natural", sem que sejamos necessariamente levados a imaginar empréstimos de outras culturas.

R. Guénon[8] traduz *Ming t'ang* por "Templo da luz" e destaca que o ideograma *ming* é composto de dois signos que representam o Sol e a Lua. Deduziu daí que se trata da luz manifestada sob essas modalidades, direta e refletida, quer dizer, sob os aspectos complementares yang (direto-ativo) e yin (indireto-receptivo). Essa opinião casa com as antigas teorias chi-

7. *Ibid.*, pág. 70.
8. R. Guenón, "A Grande Tríade", *Revue de la table ronde*, Nancy, 1946, pág. 115.

nesas dos números, exposta magistralmente por M. Granet.[9] A cruz giratória voltada para a direita significaria um dos princípios; orientada para a esquerda, o outro princípio. As *Svástikas* com as hastes girando para a direita e para a esquerda seriam, por conseguinte, um modo de exprimir o yang e o yin. Neste ponto, chegamos ao livro fundamental da ciência oracular chinesa, o *I Ching* — O Livro das Mutações — que permite conhecer em todas as coisas a via das mudanças e das transformações e, através dela, a ação dos deuses. Trata-se mais precisamente ainda das mutações contínuas de cinco fatores fundamentais, inerentes a toda manifestação — fatores que certas escolas esotéricas da Índia designam pelo éter (*akasha*), o ar (*vayu*), o fogo (*tejas*), a água (*apas*) e a terra (*prithivi*). Chega-se, assim, à concepção de uma pulsação eterna, do *Solve et coagula* dos alquimistas, fases essas que seriam simbolizadas por duas cruzes, girando uma no sentido oposto ao da outra. Não se pode, pois, falar de sentido de rotação venturoso ou nefasto porque, à semelhança dos movimentos ondulatórios, há picos e depressões da onda que indicam apenas amplitudes e freqüências, portanto, uma indicação espaço-temporal.

Chegados ao cabo desta explanação assaz sucinta do sentido esotérico da cruz giratória, podemos compreender melhor um dos significados do número cinco, inseparável da cruz. Este número relaciona-se com a totalidade dos elementos de base que acabamos de enumerar; pondo-o simbolicamente em movimento, acrescenta-se um fator temporal.[10]

R. C.

9. M. Granet, *op. cit.*
10. Na realidade, às quatro direções e ao centro elevados sobre um plano, conviria juntar o acima e o abaixo: obter-se-iam duas orientações suplementares tendo como eixo o centro da cruz. Elas escapam, entretanto, ao quadro de nossas demonstrações e poderiam ser retomadas num estudo a respeito do simbolismo da esfera.

Capítulo V

UM POUCO DE SEMÂNTICA

A palavra "cruz", em inglês *cross,* em alemão *Kreuz,* em italiano *croce,* apresenta particular interesse do ponto de vista lingüístico. Vem do latim *crux* e corresponde ao grego *stauros,* que significa poste, estaca pontiaguda e fincada na terra, para erigir uma paliçada, por exemplo.

Crux tem por raiz lingüística indo-européia *(s)kreu-k,* que deu em irlandês antigo *cruach,* a pilha, a eminência; em gaulês *Krouka,* o pico; em címrico *cruq,* o túmulo. *Stauros* provém de *st(h)au,* de onde derivam "instaurar" e "restaurar". Em grego, como em latim, a palavra que significa, hoje, cruz referia-se primitivamente a uma peça vertical de madeira, em particular aquela que seria para imobilizar um supliciado.[1] Por conseqüência, a idéia moderna de "cruzamento", "encruzilhada" está ausente dos termos fundamentais *crux* e *stauros.*

Entre os instrumentos de suplício mencionados por Sêneca (*Cons. ad Marc.,* XX, 3) e que ele chama a todos de *cruces,* cruzes, figura a estaca de empalamento. Certos supliciados eram atados a um poste, de cabeça para baixo; outros tinham os braços estirados sobre uma forca (*patibulum*), isto é, sobre uma barra transversal fixada a um ou dois postes, barra análoga à usada para fechar portas e que é preciso retirar quando se

---

1. Encontra-se hoje essa acepção da palavra "cruz" no verbo inglês *to excruciate,* que significa "torturar", "submeter ao suplício".

quer abri-las. Prendia-se, também, entre os dentes de uma forquilha a cabeça do condenado, que era estrangulado por meio de uma travessa enfiada no forcado (*furca*). Originalmente, ter-se-ia empregado para esse tipo de suplício a extremidade bifurcada do timão, fixada no eixo de uma carroça.

Todos esses instrumentos de morte, a estaca (*palus*), o tronco de árvore (*arbor infelix*), a forca (*patibulum*), eram cruzes reservadas ao suplício cruel e ignominioso dos escravos e dos piores criminosos. Por extensão, *crux* passou a designar o objeto ao qual era atado o condenado ao suplício final. Manilius, poeta do tempo de Augusto, em suas "Astrológicas", chama de *crux* o rochedo ao qual Andrômeda está atada, de igual maneira que Luciano, falando de Prometeu amarrado a uma rocha do Cáucaso, serve-se da palavra *stauros*. Inversamente, artistas representaram Prometeu e Andrômeda ligados, não a um rochedo, mas a uma estaca ou a uma forca.[2]

Afora algumas gravuras, a imagem do Cristo na cruz não aparece nos monumentos cristãos mais antigos; surge apenas timidamente em iconografias do século V. A Igreja afastava-se, então, de muitos textos primitivos, dos quais vários foram considerados apócrifos e rejeitados. A imagem mais antiga de crucifixão que se poderia relacionar com o Cristianismo data do século III. Trata-se de uma caricatura descoberta no Palatino, no palácio dos Césares. Representa um crucificado de cabeça eqüina, diante do qual se coloca uma personagem em atitude de adoração, e que vem acompanhada por uma inscrição em grego que significa: "Alexandre adora o seu deus." A cruz tem a forma de um Tau; um risco traçado sob os pés do supliciado representa, talvez, um suporte que sustenta o corpo. Esse patíbulo não é muito alto. A imagem da crucifixão do Cristo que nos é familiar não repousa, pois, em nenhuma tradição antiga.

2. Antigos autores cristãos viram em Prometeu uma prefiguração do Cristo. Outros personagens míticos foram igualmente acorrentados, como por exemplo Loki, o deus "louco" do panteão escandinavo.

A melhor imagem desse instrumento seria o T, o Tau grego ou o Tav hebraico.

Não será inútil acrescentar que os primeiríssimos padres da Igreja, os que chegaram a conhecer algum dos doze apóstolos, referiram-se à cruz (*stauros*) com uma reserva, uma parcimônia, que espanta. Ela figura uma única vez nas epístolas de Inácio aos efésios, aos tralianos e aos filadelfianos; três vezes na epístola dita de Barnabé. A epístola de Inácio aos esmirnianos menciona uma vez a crucifixão. E é tudo. No capítulo VIII da epístola dita de Barnabé, faz-se referência ao rito de purificação, minuciosamente descrito no livro dos Números (19); os pequenos bastões em questão são interpretados como sendo a cruz, e o animal sacrificado (um cervo), como prefigurando Jesus. Inácio, em sua epístola aos efésios, é mais direto (18). Ele escreve que seu espírito está devotado à cruz, palavra ofensiva para os não-crentes, mas, para os cristãos, palavra de salvação e de vida eterna.

Foram precisos, pois, séculos para que se elaborasse a visão da cruz que hoje nos parece natural, para que nascesse o sentido atual das palavras oriundas do latim *crux* e para que, em conseqüência, as idéias evocadas por dois traços entrecruzados correspondessem àquelas despertadas pelas palavras derivadas de *crux*.

R. C.

O museu de Berlim possui um sinete, datado do século III ou IV de nossa era, representando um homem crucificado. Por cima da cruz vê-se uma lua crescente e sete estrelas; embaixo e de um lado ao outro encontra-se esta legenda: "ORPHEOS BAKKIKOS". Dado que essa crucifixão é bem anterior àquela em que o crucificado é o Cristo, tem-se perguntado se se tratava de tradições paralelas, se o orfismo influenciou o Cristianismo ou vice-versa.

Capítulo VI

A CRUZ, SINAL DE REDENÇÃO

Se há um símbolo que desempenha papel de primeiro plano no mundo cristão, este é, sem dúvida, a cruz.

A cruz está presente em toda parte onde o Evangelho foi pregado e aceito. A razão reside no fato de que toda a fé cristã centra-se no mistério de Jesus e, mais exatamente, de Jesus crucificado. Conseqüentemente, no Cristianismo, sobretudo em sua feição ocidental, a cruz se apresenta, antes de tudo, como o instrumento de suplício onde, pelo sangue vertido de Cristo, se operou a redenção do mundo. O caráter ignominioso da cruz fica assim particularmente salientado. Ainda que isso possa parecer bastante repugnante à primeira vista, fica bem evidenciada aí a noção do dom de si e do sacrifício total. Por isso, por sua própria ignomínia, a cruz revela toda a extensão e profundidade do amor de Deus pela humanidade. Vale lembrar aqui as palavras de Jesus: "Pois Deus amou tanto o mundo e entregou o seu Filho único para que todo aquele que n'Ele acreditar não pereça, mas tenha a vida eterna." (João, III, 16); e também: "Ninguém tem maior amor do que aquele que dá a vida por seus amigos" (João, XV, 13). E o discípulo preferido do Mestre, João, escreve em uma de suas cartas: "É nisto que conhecemos o amor: que Ele deu a sua vida por nós" (I João, III, 16).

Nesta mesma perspectiva, a cruz é ainda o símbolo da Morte, endossado, se assim podemos falar, pelo Imortal, a fim de comunicar aos homens uma vida nova. Assim, a cruz é a condição necessária da ressurreição e a chave que abre o túmulo dos mortos. No anoitecer da Páscoa, o próprio Jesus explicava a dois discípulos no trajeto de Emaús: "Acaso, não era preciso que Cristo sofresse para entrar em sua glória?" (Lucas, XXIV, 26). Esta idéia de que a cruz está ao mesmo tempo na base da glória do Cristo e na origem de nossa própria ressurreição enraíza-se tão profundamente no coração dos crentes, que as Igrejas orientais cantam centenas de vezes, durante o tempo pascal, esta afirmação alegre: "O Cristo ressuscitou dos mortos: por sua morte, venceu a morte, e àqueles que estão no túmulo deu a vida" (Liturgia bizantina, Ofício da Páscoa).

Tais são, pois, em grandes linhas, os significados profundos que em primeiro plano revestem a cruz na tradição cristã.

A forma de cruz

Refletindo no que se acaba de evocar, pode-se perguntar se existe alguma relação entre a cruz, tal qual é vista no Cristianismo, isto é, como instrumento da redenção, e a cruz utilizada, sob diversas formas, por outras tradições filosóficas ou religiosas da humanidade, como o símbolo de um ponto de reencontro ou de uma expansão universal.

Colocar-se essa questão é perguntar-se necessariamente se o patíbulo do Gólgota era suscetível, pela sua forma, de assumir toda a riqueza simbólica que outras tradições atribuíam à cruz.

As narrações evangélicas não oferecem nenhuma descrição da cruz de Jesus. Entretanto, possuímos várias informações sobre o suplício da cruz no Império Romano, de sorte que nos é possível fazer uma idéia dela. Em seu *Dicionário ilustrado da mitologia e das antiguidades gregas e romanas,*[1] Pierre Lavedan resumiu bem o que se sabe a esse respeito:

---

1. P. Lavedan, *Dicionário ilustrado da mitologia e das antigüidades gregas e romanas,* Paris, 1931, pág. 308.

"Cruz: Instrumento de suplício utilizado para condenações à morte particularmente infamantes; em geral reservada aos escravos; no começo não se aplicava aos cidadãos romanos. A cruz, composta basicamente de dois madeiros, um vertical, o outro transversal, podia receber diferentes formas; sabe-se que o tipo de cruz de Jesus Cristo deu lugar a inúmeras discussões. Autores cristãos e profanos compararam-na muitas vezes à letra T; outros textos, porém, mencionam cruzes em que a haste vertical ultrapassava um pouco a trave horizontal, como nos crucifixos modernos. Numa antiga caricatura do século III, encontrada no Palatino e representando um crucificado com cabeça de asno, a cruz tem a forma de T; uma tabuleta aos pés do supliciado parece servir-lhe de suporte. Os condenados à cruz primeiro eram torturados com varadas, carregavam em seguida eles próprios o instrumento de suplício até o lugar da execução, eram içados com o auxílio de correias ou cordas, depois pregados sobre a travessa por meio de cravos enormes. E eram deixados para que morressem de fome, podendo sua agonia durar vários dias..."

Essa descrição do suplício conforma-se com as narrações do Evangelho. Neste, com efeito, Jesus, após ser flagelado, precisou, ele mesmo, carregar a cruz (João, XIX, 17), até o instante em que os soldados forçaram Simão de Cirene a transportá-la (Mateus, XXVII, 32; Marcos, XV, 21; Lucas, XXIII, 26). Chegado ao lugar da execução, Jesus foi crucificado e sabemos que foi pregado na cruz com cravos enfiados em suas mãos (João, XX, 25, 27).

Convém mencionar aqui uma informação fornecida pelos Evangelhos, porque ela nos permite justificar a forma que a cruz de Jesus tomará na arte. Fica dito, de fato, que Pôncio Pilatos mandou colocar "no alto da cruz", um letreiro trazendo esta frase, redigida em grego, latim e hebraico: "Jesus de Nazaré, Rei dos Judeus" (Mateus, XXVII, 37; Marcos, XV, 26; Lucas, XXIII, 38; João, XIX, 20). Esse letreiro devia ser muito importante, porque a tríplice inscrição estava certamente grafada em caracteres tão grandes que pudessem ser lidos à distância. Fixado "no alto da cruz", devia estar preso na extremidade da haste que ultrapassava a viga transversal ou, se esse acréscimo não existisse, estaria preso diretamente na viga horizontal. Num e noutro caso, a cruz tinha, no conjunto, uma forma assaz semelhante à da que hoje conhecemos. Podemos então dizer que a cruz de Jesus podia, por seu porte, estar carregada de todo o simbolismo normalmente associado ao signo universal formado de duas linhas cruzadas em ângulo reto.

A cruz na arte cristã primitiva

Essa forma geral da cruz é exatamente a que se pode ver nas reproduções mais antigas do crucificado que possuímos e que, segundo os especialistas, datam do século III, senão do II.

Além do grafito do Palatino, de que já falamos, as primeiras representações do crucificado são encontradas em gravações muito grosseiramente executadas em sardônica, cornalina ou jaspe.

Numa sardônica conservada em Munique e tida como do século III, o crucificado estende os braços horizontalmente; o Alfa e o Ômega circundam-no; dois pequenos adoradores o encimam, enquanto doze personagens, por certo os apóstolos, rodeiam-no.

Cena semelhante é percebida numa cornalina encontrada em Constança, na Romênia, e conservada no Museu Britânico: vem encimada pela simples inscrição *Ichthus,* palavra grega que significa peixe.

Outra cornalina, esta romana e certamente do século III, aproxima-se muito das pedras precedentes; nela, a cruz está bem visível: tem a forma de um T e traz o pequeno suporte para os pés do condenado.

Sobre o jaspe vermelho de Gaza, ao contrário, a cena é muito mais simples, pois o crucificado é ladeado por um homem e uma mulher apenas.

O que surpreende nas três pedras acima descritas é que a cruz em si é praticamente invisível, como se fosse uma coisa só com o próprio crucificado. Este, por sua vez, é representado com certo rigor geométrico, como se o artista tivesse querido destacar a sua identificação com a cruz. A forma obtida assemelha-se bastante ao que mais tarde marcará presença: o corpo do supliciado forma a estaca fincada no solo, os braços estendidos constituem a viga horizontal, e a cabeça, aureolada ou não, sugere o entroncamento superior.

Essas poucas gravuras apresentando o crucificado não são, aliás, os únicos documentos dos primeiros séculos que nos oferecem representações da cruz.

Outras pedras gravadas, realmente, assim como as lâmpadas e imagens que ornam os túmulos das catacumbas, oferecem-nos representações alegóricas da cruz.

Uma inscrição do cemitério de São Calixto, do início do século III, mostra-nos um cordeiro, encimado por uma âncora cruciforme.

Na mesma época, um mármore do cemitério de Priscila mostra também a âncora cruciforme, mas com dois peixinhos, imagens das almas salvas, penduradas em seus braços.

Sobre uma lâmpada antiga nota-se também a âncora em forma de cruz. Desta vez, porém, há apenas um enorme peixe pendurado em seu centro, representando o Cristo.

Outras vezes, um delfim ocupa o lugar do peixe.

Assim é que, num mosaico do século III das catacumbas de Hadrumeta, na África, vê-se um delfim enrolado em torno da âncora cruciforme, enquanto alguns peixinhos nadam a seu redor.

O crisma [2]

Outro modo de figurar a cruz nos primeiros tempos do Cristianismo consiste em representar a letra maiúscula grega *Rô*,

2. Ver Quadro I, figs. 1 e 2.

análoga ao nosso P maiúsculo, cortado, todavia, por um traço horizontal, abaixo do anel. O desenho resultante lembra a cruz ansada egípcia.

De fato, este signo não passa de uma variante do crisma constantiniano. Este, pelo que se sabe, é apenas um monograma do Cristo feito com as duas primeiras letras de seu nome grego, a saber: o *Ki,* que se assemelha a nosso X maiúsculo, e o Rô, já mencionado.

A análise das duas formas de crisma é das mais interessantes, do ponto de vista do simbolismo da cruz que aí se esconde. A cruz simples, como já vimos, simboliza o movimento de extensão através do espaço e, ao mesmo tempo, o retorno à unidade do ponto central. No caso do crisma entrelaçando o X e o P, a cruz aparece em todas as suas dimensões cósmicas, porquanto abrange as seis direções principais dos quatro pontos cardeais, simbolizados pelo X, e os dois pontos do eixo vertical, pelo P.

A cruz em forma de homem

Outra cruz antiga, que alguns pensam ter sido a cruz cátara (ou albigense), mas que aparece na Idade Média em alguns brasões, é igualmente bastante significativa. Característica desta cruz é seu entroncamento inferior que se divide em dois, como a evocar as pernas separadas de um ser humano. Apresenta-se como meia cruz grega colocada sobre a parte inferior de uma cruz em X, chamada "cruz de Santo André". Essa cruz nos transporta a um simbolismo que já tinha sido revelado nas antigas pedras gravadas que representam o crucificado, pois ela identifica claramente a cruz com o homem que a ela está preso.

Essa identificação do homem com a cruz, símbolo da totalidade das coisas, não deixa de lembrar certas especulações de esoteristas sobre a correspondência do universo, ou macrocosmo, com o Homem, ou microcosmo. Pode-se ver aí ainda uma aproximação das reflexões dos cabalistas sobre o Adão Kadmon, o Homem primordial, pura emanação divina, espécie de protótipo da criação inteira.

O simbolismo da cruz nas Escrituras. A Serpente de Bronze

Neste ponto, podemos perguntar-nos se essa concepção simbólica da cruz, integrante a um só tempo do movimento de expansão e do retorno ao Um, encontra base nas Escrituras e se, por isso, ela já se fazia presente, de algum modo, no pensamento dos primeiros autores cristãos, e até no do próprio Jesus Cristo.

De fato, se lemos o Evangelho de São João, somos fustigados por uma palavra de Jesus assaz significativa e retomada diversas vezes, com variações.

Pouco antes da Paixão, Jesus anuncia abertamente que chegara o momento em que "o Príncipe deste Mundo será posto para fora". E acrescenta: "E quando eu for levantado da terra, atrairei todos a mim" (João, XII, 31-32).

Estas palavras contêm uma alusão muito clara à cruz. Os ouvintes de Jesus compreenderam-na perfeitamente, pois o Evangelista continua nestes termos: "Assim falava para indicar de que morte ele iria morrer", e acrescenta: "Respondeu-lhe a multidão: Sabemos, pela Lei, que o Cristo permanecerá para sempre. Como podes dizer: É preciso que o Filho do Homem seja levantado? Quem é esse Filho do Homem?" (*Ibidem*, 33-35.)

Nessa passagem, todo o simbolismo da cruz acha-se definido com uma precisão notável: Jesus será elevado da terra, e isso evoca a direção vertical; atrairá então todos a si, e isso sugere seus braços estendidos para abraçar toda a criação e reduzi-la à unidade.

De fato, a palavra de Jesus alude a um episódio do Antigo Testamento, a da serpente de bronze. Noutra passagem do mesmo Evangelho, Jesus se refere a ela explicitamente: "Como Moisés levantou a serpente no deserto, assim é preciso que seja levantado o Filho do Homem, a fim de que todo aquele que nele crê tenha a vida eterna" (João, III, 14-15; cf., também, VIII, 28).

É conhecido o episódio famoso: o povo de Israel, avançando pelo deserto sob as ordens de Moisés, impacientou-se por causa das privações que o afligiam e pôs-se a murmurar contra

Deus e contra o seu guia. Para dar-lhes uma lição, Deus enviou-lhes serpentes ardentes, e muitos dos filhos de Israel pereceram pelas suas mordidas. Arrependeu-se então o povo e, procurando Moisés, confessou sua culpa e suplicou-lhe que intercedesse por ele. Disse, então, Deus a Moisés: "Faze uma serpente ardente e põe-na sobre uma haste. Todo aquele que for mordido e a contemplar, conservará a vida." E o texto sagrado conclui o relato, dizendo: "Moisés, portanto, fez uma serpente de bronze e a colocou sobre uma haste, e se alguém era mordido por uma serpente, olhava para a serpente de bronze e vivia" (Números, XXI, 4-9).

Essa passagem espicaçava as imaginações e sua lembrança permanecerá viva para sempre. Um autor posterior fez-lhe um comentário, que podemos ler no livro da Sabedoria, obra muito apreciada pela tradição cristã e por ela considerado canônico: "Quando eles pereciam sob as mordidas das serpentes coleantes, diz ele, eles tinham um sinal de salvação para lhes lembrar os preceitos da tua Lei. Pois aquele que se voltava para ele era salvo, não pelo objeto que tinha sob os olhos, mas por ti, Salvador de todos." (Sabedoria, XVI, 5-7.)

Observe-se a expressão do Sábio: "Eles tinham um sinal de salvação." Comparando sua própria elevação na cruz com a serpente de bronze, Jesus colocava-se a si próprio como "o salvador de todos" e fazia da cruz, instrumento do seu suplício, o "sinal de salvação", para o qual todos deviam olhar a fim de serem salvos.

A cruz, sinal da criação

Esse "sinal de salvação", comparado pelo mesmo Jesus à cruz, foi outrossim prontamente relacionado com a narração da criação, tal como se pode ler no primeiro capítulo do Genesis.

Nessa primeira página da Bíblia, podemos, de fato, ler isto:

"No princípio, Deus criou o céu e a terra.

"A terra era sem forma e vazia; as trevas cobriam o abismo, e o Espírito de Deus pairava sobre as águas.

"Deus disse: Haja luz! E houve luz. E Deus viu que a luz era boa; e Deus separou a luz das trevas. Deus chamou à luz Dia e às trevas Noite.

"E houve uma tarde, e houve uma manhã; este foi o primeiro dia.

"Deus disse: Haja um firmamento entre as águas, e que ele separe as águas que estão debaixo do firmamento das águas que estão acima do firmamento. E isso se fez. Deus chamou ao firmamento céu.

"E houve uma tarde e uma manhã; este foi o segundo dia.

"Deus disse: Que as águas que estão debaixo do céu se reúnam num só lugar e que apareça o elemento seco, e assim se fez. Deus chamou ao elemento seco Terra e ao ajuntamento das águas Mar. E Deus viu que isso era bom" (Genesis, I, 1-10).

Lendo-se o texto, notou-se que, repetidamente, faz-se alusão à ação separadora de Deus. No caos inicial, Deus estabeleceu a ordem, impondo a separação dos elementos e colocando em seguida cada um dos elementos separadamente em seu lugar. O criador separa primeiro a luz das trevas, depois separa as águas superiores das águas inferiores. Por fim, separa o seco do úmido, a terra do mar.

Se refletirmos nessas últimas operações, tal como no-las descreve o texto em sua linguagem metafórica, perceberemos que elas podem ser relacionadas com a cruz.

Realmente, separando as águas superiores das inferiores, Deus, estendendo o firmamento, fez de algum modo um gesto horizontal. Em seguida, ao colocar o mar de um lado e a terra de outro, ele realiza um gesto vertical. Desse modo, como gostarão de dizer os Padres da Igreja, Deus marcou a criação toda com o sinal da cruz. Com isso, dizem eles, o Criador tinha já em mente a Encarnação de seu Filho e a redenção realizada pelo sangue de sua cruz.

Segundo outro ponto de vista, pode-se dizer que, se Deus inscreveu a cruz na primeira criação, é também a cruz que ele inscreveu na segunda criação, quando todas as coisas foram restauradas em seu Filho.

Se agora assemelharmos o ato criador ao movimento de expansão no espaço, a partir de um ponto central, e o ato redentor ao movimento de retorno à unidade na pessoa do crucificado, "que atrai tudo a si", poderemos constatar como toda a concepção cristã se pode integrar e resumir no símbolo único da cruz.

A cruz candelabro

Procurando mostrar como o Cristianismo não ignorou o simbolismo da cruz, incluindo o duplo movimento de expansão no espaço e de retorno à unidade, examinamos a palavra de Jesus: "E levantado da terra, atrairei todos a mim."

Ora, tudo o que dissemos a esse respeito está longe de esgotar as riquezas do simbolismo da cruz na concepção cristã.

Se nos reportarmos ao contexto dessa frase no Evangelho de João, veremos que ela precede imediatamente afirmações ligadas a um dos temas fundamentais do quarto Evangelho. Depois da alusão à sua "elevação", diz Jesus, efetivamente:

"A luz não estará convosco senão por pouco tempo.

"Caminhai enquanto tendes luz, de medo que a escuridão vos alcance.

"Quem caminha nas trevas não sabe para onde vai.

"Enquanto tendes a luz, crede na luz e vos tornareis filhos da luz" (João, XII, 35-36).

Não se pode deixar de confrontar tais palavras com estas outras:

"Eu sou a luz do mundo; quem me segue não andará nas trevas, mas terá a luz da vida" (João, VIII, 12).

"Vós sois a luz do mundo: não se pode esconder uma cidade situada no alto de uma montanha. Nem se acende uma lâmpada para colocá-la debaixo do alqueire, mas sobre o candelabro, e ela ilumina todos os que estão na casa" (Mateus, V, 14-15).

Por sua vez, todas essas afirmações do Cristo podem ser comparadas aos textos concernentes à serpente de bronze. De fato, da serpente de bronze diz-se que salva aqueles que a olham. E São João termina seu relato da crucifixão precisamente com esta citação de uma profecia de Zacarias: "Olharão para aquele que traspassaram" (João, XIX, 37; Zacarias, XII, 10).

Em tal contexto, a cruz se converte numa espécie de candelabro sobre o qual se fixa uma lâmpada acesa, a fim de que o brilho da luz se espalhe sobre todos. Desse modo, é a cruz considerada como o suporte de Jesus, luz do mundo e, na medida em que ela se torna uma unidade com ele, ela própria se torna a luz que brilha sobre as alturas e para a qual todos olham a fim de serem salvos. Não se está longe, aqui, da idéia de que a cruz é comparável a uma estrela brilhante no céu, ou ainda, sob a forma "giratória" da *Svástika,* ao disco solar que inunda todas as coisas com os seus raios.

A cruz, sinal de mediação [3]

Se a elevação do "Filho do Homem" levou-nos a considerar a cruz como um símbolo de luz, é preciso acrescentar que nos introduz num tema simbólico ainda mais importante, a saber: o da mediação, mediação entre o céu e a terra, entre a humanidade e Deus, entre a criação em sua totalidade e o Criador.

Quando Jesus anuncia que, elevado da terra sobre a cruz, atrairá todos os homens a si, ele pensa por certo numa elevação mais extraordinária ainda, qual seja a da humanidade reconciliada com o Pai celeste e conseguindo assim ter acesso ao plano divino, ou, como o dirá São Pedro, "tornar-se participante da natureza divina" (II Pedro, I, 4).

3. A propósito do sinal de mediação e da cruz-escada, pode-se também ler R. Guénon, *O rei do mundo,* e J. Tourniac, *Os planos de luz,* ed. Dervy.

Jesus apresenta-se a si mesmo como intermediário entre Deus e os homens, como aquele que desceu a fim de elevar-se em seguida até o supremo céu, mas não sozinho, e sim com toda a humanidade redimida; e não apenas com a humanidade redimida, mas com toda a criação.

"Ninguém subiu ao céu, diz ele, a não ser aquele que desceu do céu, o Filho do Homem que está no céu" (João, III, 13).

No prólogo do Evangelho de João, Jesus é identificado com o Verbo eterno de Deus, o Filho Único que está no seio do Pai e que, tornando-se carne, habita entre os homens a fim de que, por intermédio dele, estes se tornem "filhos de Deus" (João, I, 1-14).

Esse papel de mediador, que São João alia ao fato de Jesus ser Deus feito homem, está ligado ao mistério da paixão, da cruz e da ressurreição, nas epístolas de São Paulo, chamadas "do cativeiro".

É conhecido o hino notável que o Apóstolo retoma na sua carta aos Filipenses:

"Ele, de condição divina,
não fazia empenho
em permanecer igual a Deus.

Mas aniquilou-se a si mesmo,
assumindo a condição de escravo,
e fazendo-se semelhante aos homens.

E, comportando-se como um homem,
humilhou-se mais ainda e foi obediente até a morte,
e morte de cruz!

Por isso Deus o exaltou
e lhe deu um Nome
que está acima de todo nome,
de modo que tudo, ao nome de Jesus,
se ajoelhe, no mais alto dos céus,
sobre a terra e nos infernos,

e que toda língua proclame,
de Jesus Cristo, que ele é Senhor,
para a glória de Deus Pai."

(Filipenses, II, 6-11).

Neste belo poema dos primeiros cristãos, a cruz é mencionada como destacando o cúmulo da humilhação, essa própria humilhação sendo considerada como a condição indispensável do movimento ascendente para a glória. Seu papel mediador reside no fato de que ela é uma espécie de nó deste movimento duplo.

Este papel aparece de maneira mais clara na seguinte passagem, tão bela, da carta aos Colossenses:

"Ele é a imagem do Deus invisível,
o Primogênito de toda criatura,
porque nele é que foram criados todos os seres,
nos céus e sobre a terra,
os visíveis e os invisíveis.
Tronos, dominações, Principados, Potestades,
tudo foi criado por ele e para ele.
Ele existe antes de tudo e tudo subsiste nele.
Ele é também a Cabeça do Corpo, isto é, da Igreja:
Ele é o Princípio,
o Primogênito dentre os mortos
(era preciso que lhe coubesse a primazia em todas as ordens),
pois nele aprouve a Deus fazer habitar toda a Plenitude
e reconstruir por e para ele todos os seres,
os da terra e os dos céus,
realizando a paz pelo sangue da sua cruz."

(Colossenses, I, 15-20).

Este texto é de extrema densidade: a cruz nele aparece como o ponto da reconciliação por excelência da criação e do criador sendo a criação encarada em sua totalidade globalizante, não somente a terra, mas também os infernos e os céus.

Por outro lado, essa passagem retoma aquilo que destacamos alhures, dizendo que, de certa maneira, a cruz se identifica com o próprio Mediador. Neste último, tudo foi criado, mas, após a queda original, tudo nele se restaurou "pelo sangue de sua cruz".

Na Epístola aos Efésios, a cruz aparece primeiro como a espada pela qual o Ódio foi morto, o instrumento, ou melhor, o ponto de encontro onde se processa a reconciliação de toda a humanidade, representada pelo povo de Israel e pelos gentios:

"Ele, o Cristo, é a nossa paz, ele que dos dois fez um só povo, destruindo a barreira que os separava, suprimindo em sua carne o ódio, essa Lei dos preceitos com seus mandamentos, a fim de criar em si mesmo os dois num só Homem Novo, estabelecer a paz entre eles e reconciliá-los com Deus, ambos num só Corpo, por meio da cruz: em sua pessoa ele matou o ódio" (Efésios, II, 14-6).

Jesus e sua cruz encontram-se aqui no centro de um movimento horizontal que abarca a humanidade toda. Mais adiante, encontramos o grande movimento que desce do céu e vai até o fundo dos infernos, espalhando por toda parte os dons de Deus, depois subindo de novo para além dos céus, abrangendo todas as coisas:

"Por isso dizem as Escrituras:

Tendo subido às alturas, levou consigo os cativos,
deu dons aos homens."

"Que significa *subiu* senão que ele também desceu às regiões inferiores da Terra? E aquele que desceu é também o que subiu acima de todos os céus, a fim de abarcar todas as coisas" (Efésios, IV, 8-10).

A cruz-escada

Esse movimento ascendente e descendente pelo qual se concretiza a função mediadora do Cristo é reencontrado no Evangelho de João. Nele, é o próprio Jesus que, aludindo à sua paixão e à sua glorificação futura, isto é, à sua cruz, compara-se a uma escada que une a terra aos céus:

"E lhes disse: Em verdade, em verdade vos digo: vereis o céu aberto e os anjos de Deus subindo e descendo sobre o Filho do Homem" (João, I, 51).

Na realidade, por estas palavras, Jesus aplica a si mesmo a visão de Jacó, relatada pelo Livro do Genesis:

"Jacó partiu de Bersabéia e foi para Harã. Chegando a certo lugar, ali passou a noite, pois o sol se havia posto. Tomando uma das pedras do lugar, fez dela o seu travesseiro e dormiu nesse lugar.

"Ele teve um sonho: eis que uma escada se erguia sobre a terra e o seu topo atingia o céu, e anjos de Deus subiam e desciam por ela e no alto ficava o Senhor..." (Genesis, XXVIII, 10-1).

É interessante notar que, na profecia que se segue e que anuncia a Jacó uma grande posteridade, faz-se menção muito precisa da expansão através das quatro direções, expansão que já dissemos estar simbolizada na cruz:

"Tua descendência será como a poeira da Terra; estender-te-ás para o Ocidente e o Oriente, para o setentrião e o meio-dia, e todas as famílias da terra serão abençoadas em ti e em tua descendência. Eis que estou contigo e te guardarei em todo lugar aonde fores e te reconduzirei a este país" (Genesis, XXVIII, 14-15).

Se essa profecia evoca muito nitidamente o duplo movimento que, ao se multiplicar, alcança os quatro horizontes para em seguida retornar à unidade do centro, duplo movimento esse simbolizado pela cruz, não é, todavia, ele que o Cristo sugere quando, dirigindo-se a Natanael, se identifica a si mesmo com a escada de Jacó. O que ele, de fato, pretende salientar através desta evocação bíblica, é a sua posição de mediador entre o céu e a terra, posição expressa justamente em sua "elevação" na cruz.

Assim, então, o duplo movimento opera-se de baixo para cima e de cima para baixo, e é claramente indicado pelos anjos de Deus que sobem e descem Sobre o "Filho do Homem".

Afirma-se o Cristo desse modo como a verdadeira escada de Jacó, da qual a vislumbrada pelo patriarca num sonho não passava de figura profética. Em conseqüência, se nos lembrarmos do princípio de identificação da cruz e do Salvador, podemos dizer que a própria cruz é uma escada pela qual Jesus, e nele toda a humanidade, retorna ao seio do Pai.

A cruz erguida segere uma ascensão, pois encontramos embaixo a terra onde ela está fincada; mais acima, a viga horizontal, estendendo-se em meio ao ar, e enfim, vindo das profundezas da terra e subindo até o céu, a haste vertical.

Poder-se-á, sem dúvida, objetar que a escada de Jacó não tinha em absoluto essa aparência, pois, segundo todas as probabilidades, devia assemelhar-se a um zigurate, torre de vários andares recuados, bem conhecida no antigo Oriente Próximo; entretanto, no plano simbólico, o significado permanece o mesmo e a cruz, desse ponto de vista, pode ser considerada como indicadora apenas das linhas de força essenciais, quer dizer, dos planos horizontais sucessivos cortados e ultrapassados por um eixo vertical.

Tal simbolismo aparece claramente na chamada cruz latina e em suas derivações.

Efetivamente, pelo alongamento de seu braço inferior, a cruz latina sugere o movimento ascendente, enquanto que a cruz grega, com seus quatro braços iguais, evoca mais particularmente a expansão nas quatro direções.

As cruzes de vários braços [4]

O simbolismo da cruz latina destaca-se ainda melhor quando outros cruzamentos transversais lhe são acrescentados, como aparece na cruz papal e na cruz eslava.

Essas duas cruzes têm em comum o fato de comportar três travessas, cortando o eixo vertical em quatro seções. Nos dois casos, a travessa do meio é mais longa que as duas outras. O que diferencia uma da outra é que as travessas da cruz papal são horizontais, enquanto que a cruz eslava possui duas travessas horizontais e uma oblíqua, esta ocupando sempre uma posição inferior.

Não se têm dados que permitam explicar a origem desses cruzamentos suplementares. Todavia, se refletirmos neles, perceberemos que, se a travessa intermediária, mais longa, corresponde à trave na qual foram pregadas as mãos do Salvador, a travessa superior deve ter tido por origem o letreiro que trazia o motivo da condenação, não sendo outra coisa a travessa inferior além do suporte dos pés do supliciado.

Isso não tem, aliás, grande importância do ponto de vista simbólico. O que convém reter acima de tudo é que a cruz de várias travessas destaca melhor os diferentes planos que percorre nos dois sentidos, de alto a baixo e de baixo para o alto, a atividade salvadora do Mediador.

A esse respeito, encontramos grandes arroubos de São Paulo nas Epístolas do Cativeiro: o Cristo, de condição divina, humilhou-se até assumir a natureza de escravo e foi em sua humilhação até a morte, a morte na cruz. Havendo assim descido até as regiões inferiores da terra, subiu muito além dos poderes celestes para reencontrar o seio de Deus. Se colocarmos esses textos paralelamente ao simbolismo da cruz de várias travessas, poderemos reconhecer facilmente, na parte inferior destas, as regiões inferiores da terra; na segunda seção, o plano terrestre e

4. Ver Quadro 1, figs. 3 a 7.

humano; na terceira seção, os planos celestes, onde residem os Reinos e as Potestades, os Tronos e as Dominações; enfim, na parte superior da haste, que se perde no infinito do espaço, a "Luz inacessível", onde reside o Inexprimível.

A cruz-árvore

Ao tema da cruz-escada pode-se aliar o da cruz-árvore, encontrado aqui e ali nos comentários dos Padres da Igreja. Estes gostavam de estabelecer um paralelismo entre o episódio do pecado original, tal como o conta o Livro do Genesis (III) e o da Redenção, narrado pelos Evangelhos. Assim, dizem eles, como o fruto da árvore do conhecimento do bem e do mal acarretou para a humanidade o sofrimento e a morte, assim o fruto suspenso na árvore da cruz, isto é, o Cristo, comunica a todos quantos o tomam na Eucaristia a vida divina, fonte de sua gloriosa ressurreição futura.

Não devemos nos espantar, pois, ao encontrarmos, particularmente em iluminuras da Idade Média, representações da cruz onde folhagens brotam de seus braços ou se enrolam em folhagens em torno da sua haste central.

Imediatamente, vemos delinear-se em segundo plano, textos como o da célebre comparação que Jesus estabelece entre ele próprio e a videira.

"Eu sou a verdadeira videira e meu Pai é o agricultor. Todo ramo que em mim não produz fruto, ele o corta, e todo o que produz fruto, ele o poda para que produza mais fruto ainda" (João, XV, 1-2).

Nesse contexto, a cruz aparece como a estaca à qual a cepa está presa.

A esse simbolismo pode-se comparar um tema particularmente apreciado na Idade Média e na época clássica, e que foi muitas vezes representado em obras de arte, a saber: o do "lugar místico". Se, nas representações mais antigas, a presença da cruz não é destacada, não ocorre o mesmo com as obras mais recentes em que o instrumento de suplício é claramente reproduzido, às vezes até como estrutura fundamental do lugar.

Conclusão

Podemos agora perceber melhor o sentido do tema: na tradição cristã, e isso desde a era apostólica, a cruz carrega uma grande riqueza de significação. Por vezes, o simbolismo da cruz, tal qual se revela nos escritos ou na arte do Cristianismo dos primeiros séculos, aproxima-se daquele assumido pela cruz no seio de outras tradições religiosas ou culturais; doutras vezes, ultrapassa-o, acrescentando-lhe todo tipo de significações particulares, nascidas do paralelismo que os Padres da Igreja, depois dos Apóstolos, não cessaram de estabelecer entre as "figuras" do Antigo Testamento e a realidade que eles descobriam no Cristo e em seu supremo sacrifício.

J. E.

Capítulo VII
O TAU

Um dentre os inúmeros tipos de cruz constitui motivo de espanto: é o Tau, chamado também *crux commissa* ou cruz de Santo Antônio; tem a forma de um T (maiúsculo) e seu nome provém da letra grega correspondente. Por sua forma, lembra também um malho, um machado duplo ou um martelo duplo. Em grego, o Tau tem o valor numérico de trezentos.

Se, na Grécia, o Tau não teve um valor simbólico como outras letras, a saber, o ipsilon, o alfa e o ômega, em contrapartida, desempenhou no Judaísmo, e depois no Cristianismo, um papel importante. Tal papel, e isso surpreende à primeira vista, é paralelo ao desempenhado na Europa do norte, e talvez na Gália, por um símbolo quase idêntico ao Tau quanto à forma.

Já foi dito diversas vezes que o Tau era a cruz do Antigo Testamento, porque no livro de Ezequiel (9.4) fala-se de um sinal colocado na testa dos membros da comunidade messiânica. "Sinal", diz-se em hebraico Tav. Tertuliano já reconhecia a identidade do Tav hebraico com o Tau grego. A forma antiga do Tav é a do nosso X.

No tempo de Cristo, os essênios, que almejavam constituir a comunidade escatológica, traziam na testa o sinal de Ezequiel (doc. Damas, XIX, 19). Essa idéia foi retomada por João no *Apocalipse* (VII, 3 e XIV, 1), onde se vê o anjo marcar os eleitos na testa com o sinete. Segundo J. Daniélou,[1] (*La table ronde*, n.º 120) o Tav hebraico era representado no tempo de Cristo pelo sinal + (que corresponde à antiga letra latina t) ou pelo x. É assim que se explica, sem dúvida, a presença de uma cruz em forma de + num túmulo judeu do século I e onde se acreditou encontrar a mais antiga representação cristã da cruz. Ela designava o nome de Iahveh (do Senhor).

Vejamos agora o que ocorreu com o Tau na Europa, antes da introdução do Cristianismo. Du Cange, em seu Glossário, fala do *Tau gallicum*. Gregório de Tours (*História da França*, IV, 5) relata que esse signo, chamado "Tau" pelos camponeses, era desenhado sobre os muros das casas e das igrejas. Foi desenhado por ocasião das Rogações, a fim de livrar Clermont da peste. Se quisermos ver no *Tau gallicum* um símbolo autóctone pré-cristão, é preciso que antes nos voltemos para a Escandinávia, onde o símbolo da cruz substituiu o signo de Thor, que outro não era senão o Tau.

Junto dos vikings, esse sinal reproduz a arma sobrenatural manuseada pelo deus Thor, o martelo duplo Mjölnir (o demolidor). Os vikings carregavam amuletos em forma de martelo e traçavam no ar um Tau em sinal de consagração ou de bênção. Segundo os antigos islandeses, o signo de Thor não era a cruz Tau, mas a cruz gamada, a *Svástika*.[2]

Mjölnir permite que Thor esmague o crânio dos gigantes, inimigos dos deuses e dos homens; ele simboliza, sem dúvida, o relâmpago, porque Thor é o senhor do raio. Se Mjölnir é um instrumento de morte, é também um instrumento de ressurreição, de vida, simbolismo que em geral escapou aos especialistas que estudaram o significado esotérico do malho. Quando dos funerais do deus Balder, Thor consagra, brandindo seu martelo, o navio

1. J. Daniélou, *La table ronde*, n.º 120, retomado em *Os símbolos cristãos primitivos*, Seuil, Paris, 1961.

2. A semelhança entre o Tau, de um lado, o malhete e o martelo, de outro, é gritante, sobretudo na arte heráldica.

funerário, portador do cadáver do deus morto. Para ressuscitar seus bodes, Thor também brandia o Mjölnir.[3]

Entre os vikings, abençoavam-se as bebidas, os casamentos e as piras funerárias brandindo o martelo ou fazendo o sinal do Tau. Uma comparação entre Thor, deus do raio, e Indra, deus védico do trovão, mostra uma relação segura, verificada através de exemplos tomados de empréstimo a outras mitologias, entre o martelo ou machado e o raio, o fogo celeste. O martelo, como o fogo, abençoa e consagra; uma de suas últimas utilizações profanas é o martelo do leiloeiro que confirma uma venda feita em hasta pública.

E a Gália? Sabemos que um dos grandes deuses gauleses foi Sucellus, nome que significa o bom batedor ou, talvez, aquele que tem boa origem. Um de seus atributos é um malho de cabo longo. Por vezes, a vestimenta de Sucellus vem ornada de pequenas cruzes. O Sucellus encontrado em Viège tem a barra da túnica decorada por um tipo de balestra que lembra um Tau.[4] Teria o malho de Sucellus desempenhado na Gália papel

3. O poder vital de um instrumento que serve para bater não é exclusivo do Mjölnir. Num conto dolga, uma rena solar é ressuscitada por um jovem que junta os ossos e os golpeia com o auxílio de um martelo. O grande deus dos antigos irlandeses, Dadga, manejava uma maça; uma de suas extremidades matava, a outra ressuscitava. Nas "Grandes e Inestimáveis crônicas do grande e enorme gigante Gargantua", nas quais Rabelais se inspirou, o mago Merlin (merlin=maillet=malho?) dá à luz ao pai e à mãe de Gargantua, batendo com três martelos os ossos de uma baleia macho e de uma baleia fêmea.

4. O motivo que aparece sobre a estatueta de Sucellus encontrada em Viège (Suíça), leva a pensar num tipo de Tau de braços horizontais curvos, gravado sobre o rochedo das Externsteine, próximo da floresta de Teutobourg. Perto do santuário dos antigos germanos, erguia-se talvez uma árvore, lembrando o célebre freixo Yggdrasil, o eixo do mundo segundo a mitologia nórdica. A árvore em forma de Tau pode ser encontrada também em cenas da crucifixão e num desenho do códice Fejervary, que mostra o senhor da aurora Quetzalcoatl, no centro de um universo quadripartido. Cada uma das quatro partes possui, no centro, uma árvore em forma de Tau, em cujo topo se empoleira um passari-

análogo ao Mjölnir escandinavo? O uso cristão do *Tau gallicum* teria sido facilitado, precedido, pelo uso de um sinal pagão análogo?

É incontestável que o simbolismo associado ao malho de Sucellus ou ao martelo de Thor nada deve ao Cristianismo. Entretanto, os dois valores que o cristão atribui à cruz, símbolo da morte do crucificado, sinal de vida e de luz, são encontrados entre os antigos escandinavos, e talvez também entre os gauleses.

Cronologicamente, o sinal da cruz aparece primeiro nos ritos batismais. Este é o seu emprego mais arcaico. "O sinal da cruz apareceu originalmente, não como uma alusão à paixão de Cristo, mas como uma designação de sua glória divina. Mesmo quando se refere à cruz sobre a qual morreu o Cristo, esta será considerada como a expressão do poder divino que age através dessa morte; e os quatro braços da cruz aparecerão como o símbolo cósmico dessa ação salvadora." Para J. Daniélou,[5] é certo que o sinal da cruz que marcava os primeiros cristãos designava para eles o nome do Senhor (Iahveh), isto é, o Verbo, significando que eles lhe estavam consagrados. Na simbologia grega, onde o Tau, tendo a forma de um T, difere da escrita hebraica e não é a última letra do alfabeto, que é o ômega, esta simbologia se tornava incompreensível. Por isso, sob a forma de +, foi considerada como a representação do instrumento de suplício de Jesus.

Duas observações ainda. Não esqueçamos que o fogo foi produzido na antigüidade por fricção, por rotação (broca de fogo), por percussão, ou ainda recolhido a partir de vegetais atingidos pelo raio. Os islandeses atribuíam ao martelo Mjölnir o signo da cruz giratória (*Svástika*), de preferência ao Tau.

nho. Árvore e cruz estão, pois, unidos num mesmo simbolismo entre os antigos mexicanos, entre os antigos germanos, assim como na iconografia cristã.

5. Jean Daniélou, *Os símbolos cristãos primitivos, op. cit.*

Pode-se perguntar se os germanos não adotaram uma variante do Tau com a coluna Irminsul, que poderia corresponder à árvore cósmica Yggdrasil do panteão escandinavo. A coluna, como a árvore, representariam o eixo do mundo, unindo o céu à terra. O simbolismo de Irminsul e do freixo Yggdrasil, se aceitarmos esta hipótese, aproximar-se-ia do da cruz, ereta como uma árvore.

Ressaltemos, por fim, que antigas cartas geográficas dividiam o mundo segundo uma disposição cruciforme, colocando em geral Jerusalém no centro; outras, talvez mais antigas ainda, repartiram o mundo em três setores, por meio do Tau. Trata-se da retomada de modelos romanos. Mesmo em matéria de geografia mítica, o Tau e a cruz grega foram utilizados paralelamente.

R. C.

Capítulo VIII
DO CINCO À ROSA-CRUZ

Estudando os vestígios pagãos na civilização muçulmana, E. Westermarck destacou o papel do número cinco como meio de combater o mau-olhado, também chamado má-sorte. No Marrocos, para proteger-se de um olhar que poderia causar dano, basta estender os cinco dedos da mão na direção da pessoa que se teme e dizer: "cinco em teus olhos". A virtude apotropaica da mão estendida é bem conhecida dos maometanos.[1]

São de diversos tipos os amuletos e sinais benéficos em que aparece o número cinco. Citemos os diferentes motivos repetidos e colocados em quincunce, e sobretudo a cruz de braços iguais, muitas vezes acrescida de pontos colocados nos quatro quadrantes. Julga Westermarck ser a seguinte a razão pela qual os cinco são tão freqüentemente dispostos em forma de cruz: a cruz teria por missão dispersar aos quatro ventos a energia funesta emanada do mau-olhar. Esta explicação, que se dá particularmente no Pendjab, é entretanto superficial e não explica o valor mágico do cinco. A dispersão das forças maléficas pelas quatro direções destacaria sobretudo o número quatro, ficando-se sem saber o que fazer do quinto ponto do quincunce, do ponto central. Para encontrar a razão fundamental do papel benéfico do cinco expresso pela cruz ou por outras figuras, o

---

1. E. Westermarck, *Sobrevivências pagãs na civilização maometana*, Paris, 1935, pág. 39ss.

pentagrama, por exemplo, é preciso percorrer previamente os meandros do labirinto.[2]

O tipo original, autêntico, do labirinto encontra-se numa telha de Pylos, datada do século XIII a.C., e em diversas moedas cretenses, cunhadas em Cnossos, dos séculos V e IV a.C. As variantes que se afastam do traçado primitivo foram executadas por pessoas que conheciam o sentido geral do labirinto chamado cretense. Os traços que delimitam o único caminho que permite alcançar, sem possibilidade de erro, o centro da figura, contrapõem-se no sentido do centro, formando uma cruz. O cinco manifesta-se igualmente no labirinto, sendo sua presença e papel — tal como os da cruz — conhecidos apenas pelos iniciados. Durante mais de dois milênios, foi exposto aos olhos dos profanos um mistério, sem que eles nada desconfiassem. De que se trata, afinal?

O labirinto cretense, cuja abertura é de preferência voltada para cima, compreende um espaço exterior, sete corredores concêntricos e um beco sem saída. A caminhada para o centro é inicialmente um andamento centrífugo, alternadamente voltado para a esquerda e para a direita. Uma vez abordado o corredor central, o andamento torna-se centrífugo, confinando-se no estreito final. Se numerarmos de 1 a 9 o espaço exterior, também chamado entrada, os corredores e o beco sem saída (ver figura abaixo), o número cinco cai no corredor central. A seqüência relativa do percurso é, pois: 9 6 7 8 5 5 2 3 4 1.

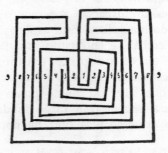

2. M. Knapp, *Pentagramma Veneris*, Bâle, 1934.

A passagem do primeiro movimento centrífugo para o segundo, passando pelo corredor central, traduz-se pela seqüência 8 5 2, bastante conhecida por ser a diagonal de um quadrado mágico composto de três fileiras de três quadrados. As casas angulares são obrigatoriamente ocupadas por números pares; o total das linhas verticais, horizontais e diagonais dá sempre 15. Pode-se compor vários desses quadrados, dos quais o centro é necessariamente tomado pelo número cinco. Eis um exemplo:

8 1 6
3 5 7
4 9 2

As moedas de Cnossos, cunhadas com a imagem do Minotauro, são muitas vezes decoradas na outra face com um labirinto ou um pequeno quadrado dividido em outros nove quadradinhos iguais. Tanto os quadradinhos periféricos, quanto apenas aqueles que não ocupam os ângulos do quadrado maior, e que formam, portanto, uma cruz, todos eles comportam motivos decorativos que evocam a *Svástika*. No quadrado central aparece freqüentemente um ornamento que evoca o número cinco: cinco pontos ou cinco pétalas dispostas como os pontos de um dado de jogar. Às vezes, os cinco pontos figuram em cada um dos braços da cruz ou, se a moeda é pequena, como único ornamento. Sendo único, esse motivo toma às vezes a forma de uma estrela. A insistência com que se empregou tal motivo mostra que ele é mais que uma mera decoração e salienta a importância do número cinco no labirinto e no quadrado mágico. Sua posição central fica evidenciada.

O quadrado mágico, tal como acabamos de construí-lo a partir do labirinto, não é encontrado apenas na Grécia. Ele faz parte antes da simbologia oriental, da qual a Europa mais tarde foi tributária, e da simbologia do Extremo Oriente. Desempenhou na China papel de primeira ordem, que vamos expor brevemente. Cammann* descreveu as deduções espantosas feitas no Extremo Oriente a partir desse diagrama, tido como celestial. O quadrado

$$\begin{array}{ccc} 4 & 9 & 2 \\ 3 & 5 & 7 \\ 8 & 1 & 6 \end{array}$$

chamado Lo Chu ou Chiu Kung só aparece na China no século X, mas a tradição menciona que ele teria sido revelado no século XXIII a.C.

Na China, como na Grécia, o cinco é um signo de união porque representa o casamento do céu, cujo número é o três, e da terra, cujo número é o dois.

Várias moedas de Cnossos têm numa face o Minotauro e na outra um labirinto ou um quadrado de nove casas, cuja casa central contém um quincunce. Quadrado mágico em que se desenha a cruz ou o quincunce, que equivale também a uma cruz, podem, pois, substituir o labirinto: são-lhe o seu substituto, a quintessência.

Do ponto de vista aritmológico, o labirinto cretense, como o quadrado mágico chinês, põe em destaque dois números: o cinco, que ocupa o centro do labirinto e do quadrado, e o oito, isto é, o número de quadrados postos ao redor do centro. Ora, esses dois números caracterizam o planeta Vênus, e apenas esse planeta. Como as cores do labirinto, o planeta Vênus, alternadamente astro vespertino e matutino, parece primeiro afastar-se de um ponto central, representado talvez pelo sol noturno, para dele reaproximar-se; desaparece, para em seguida parecer afastar-se e depois aproximar-se de um ponto central. Estando o ano sideral de Vênus em torno de 224 dias, seu período chamado sinódico é de 581 dias ou 1,6 ano. Ao cabo de cinco períodos

* Cammann, "O quadrado mágico de três nas antigas filosofia e religião chinesas", *História das religiões*, vol. I, Chicago, 1961.

sinódicos, que perfazem oito anos de nosso tempo, Vênus torna a ocupar sua posição inicial em relação ao Sol.

Num estudo notável, que passou quase despercebido, um astrônomo suíço, M. Knapp, demonstrou a estreita relação existente entre os movimentos siderais do planeta Vênus e a estrela de cinco pontas iguais, o pentagrama. É muito possível, pois, que a relação entre esse astro e o número cinco, expressa por um quincunce ou por uma cruz de braços iguais, decorre de observações astronômicas efetuadas desde a antigüidade em diferentes pontos do hemisfério norte.[3]

Impõe-se neste ponto perguntar-nos onde terá nascido a idéia de associar o planeta Vênus e a deusa Afrodite ao motivo da cruz. Em Creta, além da cruz labiríntica, pode-se mencionar a cruz de braços iguais como fazendo parte do tesouro da "sacristia" de Cnossos. De onde provém este símbolo venusiano? As moedas mais antigas da cidade cipriota de Salamina (século VI a.C.) são estampadas no verso com uma cruz encabeçada por um círculo, símbolo utilizado hoje em biologia para designar o sexo feminino e outrora pelos alquimistas para representar o cobre. Chipre foi a ilha das minas de cobre e o domínio privilegiado de Afrodite. Se o signo ♀, que em Chipre era o símbolo de Vênus-Afrodite, não deriva da cruz ansada, como pensa Rudhardt,[4] e se ela não é, tampouco, uma estilização introduzida na extremidade da imagem da deusa, de onde poderiam provir, em última instância, os braços em cruz?

Na Mesopotâmia, o planeta Vênus foi atribuído à grande deusa Ishtar-Astarte, e desde a mais alta antigüidade percebeu-se que a estrela da manhã e a estrela da tarde, os dois aspectos sucessivos do astro, pertenciam a um único corpo celeste. Daí

3. Knapp, *op. cit.*
4. J. Rudhardt, *Chipre, das origens à Idade Média* (págs. 137-138), Faculdade de Letras da Universidade de Genebra, verão, 1975.

poderia decorrer a noção de geminalidade que se manifesta, por exemplo, em relação às divindades eqüinas da antigüidade.

Inúmeros cilindros mesopotâmicos reproduzem cenas mitológicas encimadas por uma cruz, principalmente touros e homens-touros (ver iconografia em P. Amiet, *La glyptique mésopotamienne archaïque*[5]): outras estão coroadas por um círculo. Seria assaz temerário supor que os seres acompanhados por uma cruz estivessem ligados a um dos dois aspectos siderais de Ishtar; os motivos determinados por um círculo teriam sido atribuídos ao outro aspecto. O signo completo, tal qual consta pela primeira vez em Chipre, representaria assim a totalidade da deusa, sob seu aspecto de estrela da manhã e de estrela da tarde. De qualquer modo, é bem provável que os assuntos associados a uma cruz sobre cilindros mesopotâmicos apresentassem afinidades com Ishtar ou com um outro aspecto da deusa.[6]

Quaisquer que sejam o momento e o lugar onde a cruz representa pela primeira vez a deusa que preside a união — seja na Mesopotâmia, em Chipre ou em Creta — é evidente que entre os diversos valores deste sinal figura o da luminosidade. Cruz, quer seja imóvel ou giratória — o que a tornará comparável ao Sol ou a Vênus —, trata-se também de exprimir a noção de luz. Luz oculta no seio das trevas, no caso do labirinto, astro do dia, numa perspectiva cristã, onde a imagem do Cristo, nascido miticamente no Natal, sobrepõe-se à do sol, cujo "nascimento" era comemorado precisamente a 24 de dezembro. Mas, talvez ainda haja mais: a estrela tem relação com o nascimento do Cristo. Assim como a aurora vem anunciada pela estrela Vênus matuti-

---

5. P. Amiet, *A glíptica mesopotâmica antiga*, C.N.R.S., Paris, 1961.
6. Ch. Autran, *A pré-história do Cristianismo*, Paris, 1941, relaciona a cruz ao deus sumeriano Anu, deus do céu cujo atributo é o touro. Mas Autran salienta também a relação, na Mesopotâmia, entre a cruz e a noção de fertilidade, de matriz, de lamentações, o que nos reaproximaria de Ishtar. Esse autor assinala que uma moeda de Caracala, cunhada em Trípoli da Síria, representa os Dióscuros, cuja cabeça está encimada por uma cruz. Não é descabido supor que os Dióscuros estivessem relacionados com a estrela da tarde e a estrela da manhã.

na, não teria sido a vida do Cristo introduzida simbolicamente por Vênus? O Apocalipse, aliás, faz Jesus Cristo dizer que ele é a estrela brilhante da manhã (*Apocalipse,* conclusão, 16).

A tendência hoje é fazer remontar etimologicamente a palavra labirinto à noção de gruta (cavidade na pedra) e não mais à de um hipotético palácio cretense do machado. Se, de fato, o labirinto é originalmente uma gruta ou um céu noturno, a cruz labiríntica significaria a luz em meio às trevas, e sabemos o que duas grandes religiões, a de Mitra e a de Cristo, posteriormente aos Evangelhos, extraíram do símbolo da cruz. Se estudarmos as doutrinas esotéricas que se dizem cristãs, aquela que, sem sombra de dúvida, mais tem feito falar de si, é o movimento "Rosa-cruz". Veremos que a Pré-história venusiana da cruz cristã talvez possa ser encontrada aí.

Há alguns séculos, diversas sociedades herméticas atribuem-se o nome de rosa-cruz. Não vamos evocar a história dessas sociedades porque nos interessam aqui apenas a origem do tema e sua significação primeira. Trata-se da combinação de uma rosa desabrochada e de uma cruz. A rosa está colocada na intersecção ou sobre um dos braços da cruz, ou então a cruz aparece no centro da rosa, como nos brasões de Lutero, ou ainda os dois elementos vêm justapostos, com a rosa coroando a cruz, por exemplo.

Spencer Lewis, fundador ou restaurador da antiga e mística ordem Rosae Crucis (A.M.O.R.C.) sustentou que a Rosa-cruz era exatamente a cruz ansada egípcia, e que a ordem fora fundada pelo faraó Tutmés III, por volta de 1500 a.C. Tal afirmação, porém, não tem por base nenhum fato demonstrável. Outras origens, mencionadas aqui a título de hipóteses, parecem mais verossímeis.

É indiscutível que as primeiras menções da rosa-cruz, símbolo ou sociedade hermética com esse nome, provêm de meios cristãos, mais particularmente de círculos protestantes, ou propensos a uma reforma da Igreja. Sendo esses meios versados no estudo da Cabala judaica, teríamos, de fato, assistido à síntese de uma tradição cristã, representada pela cruz, e de uma tradição judaica, representada pela rosa. A obra fundamental da ciência cabalística, o *Sepher Ha Zohar,* cujas primeiras cópias manuscritas começaram a circular na Espanha pelo fim do século XIII, afirma que a rosa designa a comunidade de Israel. Uma combinação que faz lembrar a rosa-cruz encontra-se na Etiópia, que conheceu, desde o século VI, um emblema formado por uma estrela de seis pontas, chamada "escudo de Davi" com uma cruz no centro. Esse motivo reúne assim as tradições salomônica e cristã.[7]

O Zohar informa também que a rosa possui cinco pétalas, que correspondem aos cinco dedos, às cinco vias da salvação e às cinco portas da graça. Trata-se, pois, de um desabrochar completo, da quintessência dos alquimistas, representada às vezes por uma estrela de cinco pontas ou por uma flor de cinco pétalas. O número cinco está assim associado à rosa e à cruz, como acabamos de ver, por razões botânicas e esotéricas.

Esquematizada ao extremo, a rosa-cruz é a combinação de um círculo e de uma cruz. A primeira combinação desse tipo, que poderia estar na origem de nosso motivo misterioso, é assunto de uma obra escrita em Londres, pelo Dr. John Dee, astrólogo e cabalista, e publicada em Antuérpia, 1564. Foi dedicada a Maximiliano II, rei da Boêmia e célebre protetor dos alquimistas e dos esotéricos. Nela, Dee descreve a "Mônada hieroglífica", símbolo que condensa todos os signos astrológicos do Sol, da Lua e dos planetas conhecidos em sua época. A "Mônada hieroglífica" resume, segundo Dee, o essencial da natureza divina e enaltece a cruz; ela aparece no frontispício da obra do célebre astrólogo.

7. J. Tourniac, *Os planos da luz,* Paris, 1976, pág. 131.

Outro ponto de referência possível: uma rosa teria sido desenhada no manuscrito da *Naometria* de Simon Studion, escrito em 1604. Esse texto constituiria uma das fontes do movimento rosa-cruz, pois nele Studion anuncia em estilo profético o triunfo da Reforma. Em 1616, apareciam as *Núpcias Químicas de Christian Rosenkreutz,* obra hermética capital de Jean Valentin Andreae. As "Núpcias Químicas" descrevem alegoricamente uma aventura espiritual e situam-na num quadro que lembra as festas que em 1613, em Heidelberg, marcaram o matrimônio do eleitor palatino Frederico V com a princesa Elizabeth da Inglaterra, filha de Jacques I. Frances A. Yates demonstrou como Andreae ficou impressionado pelas rosas e pela cruz vermelha, símbolos da Ordem da Jarreteira e de São Jorge da Inglaterra.[8]

Sua narração alegórica fala também da morte e da ressurreição da rainha Vênus (quinto dia das Núpcias), mas não se refere ao motivo; só no início do primeiro dia é que aparece o símbolo da Mônada, descrito por John Dee.

Em 1629, surge a obra atribuída ao célebre cabalista e alquimista inglês Robert Fludd, o *Summum Bonum*. Nela se encontra uma ilustração inspirada no símbolo alquímico do cobre e no símbolo astronômico do planeta Vênus, uma rosa de 49 pétalas, abrindo-se no topo de um tronco que forma uma cruz.

Detalhe final: a aventura espiritual de Christian Rosenkreutz desenrola-se num cenário inspirado muito provavelmente nas festividades organizadas depois do casamento do eleitor palaciano, cenário que muitas vezes faz pensar num labirinto. Ora, um labirinto é visível nos jardins do castelo de Heidelberg, desenhados por Salomon de Caus; além disso, uma gravura hostil a Frederico e a sua esposa associa-os a um jardim infernal que é justamente um labirinto. O labirinto é um motivo que impressionou os autores alemães interessados na rosa-cruz; o valor atribuído ao labirinto era conhecido dos inimigos da Rosa-cruz.

8. F.-A. Yates, *O iluminismo rosa-cruz*, London & Boston, 1972.

Portanto, de maneira discreta e compreensível apenas para raros iniciados, diversos escritores do fim dos séculos XVI e XVII, filiados ou simpatizantes do movimento reformador Rosa--cruz, inspiraram-se no tema do labirinto. Andreae chega a incluir nele uma intervenção de Vênus; Lutero coloca a cruz de Cristo no centro da rosa como os antigos haviam colocado a cruz de Vênus no centro do labirinto. Quer se trate de um ressurgimento ou de uma tradição oculta preservada, não é desse problema árduo que tratamos aqui. Importava mencionar um simbolismo esotérico da cruz, a respeito do qual rios de tinta foram gastos, sem que se acrescentassem explicações inteiramente satisfatórias.[9]

R. C.

---

9. Poder-se-ia mencionar ainda vários elementos que reforçariam nossas hipóteses. Por exemplo, o jardim das rosas que consagrado de bom grado a Maria chama-se em alemão Rosengarten; o termo designou sobretudo o cemitério, esse jardim de cruzes. A gruta de Wenusberg, cenário da lenda de Tannhäuser, provavelmente era conhecida de Andreae.

Os brasões de Lutero representam uma rosa tendo ao centro uma cruz. Se essas armas foram idealizadas pelo reformador, poderíamos pensar que essa escolha foi influenciada por seu amigo Michel Stifel, velho monge agostiniano, cabalista fervoroso e, sem dúvida, o melhor algebrista alemão do século XVI.

Capítulo IX
NOTA SOBRE O QUADRADO MÁGICO

Todas as obras esotéricas atribuem ao planeta Saturno o quadrado mágico, cujo centro é cinco e cujas linhas verticais, horizontais e diagonais, somadas, dão o total de quinze.

Essas obras repetem Agrippa de Nettesheim (1486-1534), que pôs esse quadrado sob o signo de Saturno. Para esse autor, o quadrado mágico de Vênus é formado por 49 casas e a "signação" do planeta faz pensar na foice às vezes manejada por Saturno. Não terá havido aí uma interpolação entre esses dois quadrados mágicos?

Saliente-se ainda que a China conhecia um quadrado mágico de nove casas cujo centro era ocupado pelo seis; nos ângulos, encontram-se números ímpares: 3, 5, 7, 9, enquanto que o quadrado de nove casas, cujo centro é o cinco, deve forçosamente ter nos quatro ângulos os pares 2, 4, 6, 8. A figura formada pela superposição dos quadrados de centros cinco e seis constitui-se de nove duplas pares-ímpares, que valem cada uma onze e totalizam noventa e nove. Essa figura fornece uma representação total do universo e ilustra a ação recíproca dos domínios celestes (6) e terrestres (5), nas nove províncias da terra e do sol, simbolizadas pelo quadrado de nove casas. O *Yi Ts'eu,* obra complementar do livro oracular *I Ching,* expõe as formas de desenvolver essas combinações.[1]

1. M. Granet, *O pensamento chinês,* Paris, 1950, pág. 182.

Mencionaremos a outra maneira de tratar a complementaridade dos quadrados de centro 5 e 6 e das cruzes gamadas que neles podem ser vistas. Ao de "5", visualizado sob a forma de um quincunce ou de um pentagrama, podemos opor o hexagrama formado por dois triângulos entrecruzados que compõem uma estrela de seis pontas (selo de Salomão). À estrela de seis pontas (oriental, celeste, inicial) faria oposição a estrela de cinco pontas (ocidental, terrestre e humana, final).

R. C.

Capítulo X

SERIA A CRUZ A CHAVE DO TARÔ?

O jogo do Tarô, que compreende 78 cartas, é inteiramente carregado de simbolismo. Além de um divertimento ou de um instrumento de adivinhação, ele pode ainda ser considerado uma espécie de "Livro Mudo", *Liber Mutus,* permitindo a quem o contempla, alcançar, graças à correta ordenação de seus símbolos, um conhecimento mais profundo de si mesmo e do mundo.

Como se sabe, entre as suas cartas, 56 são chamadas "arcanos menores". Repartem-se em quatro séries de quatorze cartas marcadas com quatro símbolos — do dinheiro, da taça, do bastão e da espada —, que facilmente podem ser associados aos quatro elementos, respectivamente: a terra, a água, o fogo e o ar. Doutro lado, pode-se estabelecer uma relação entre esses símbolos e as quatro classes da sociedade antiga, a taça representando o clero, a espada a nobreza, o dinheiro os burgueses e o bastão os camponeses.

Cada série divide-se, por sua vez, em dois grupos.

As figuras são em número de quatro, a saber: o rei, a rainha, o cavaleiro e o valete, que parecem representar a humanidade toda; são lembrados aí, com efeito, a distinção fundamental dos sexos e as três idades da vida, isto é, a juventude, a maturidade e a velhice.

Os números vão de 1 a 10 e simbolizam todas as transformações do universo. Vinte e duas cartas levam o nome de "arcanos maiores", e no jogo são consideradas como trunfos.

De fato, essas cartas estão constituídas de imagens simbólicas e levam números que lhe assinalam um lugar determinado na série.

Se nos reportarmos ao que Papus escreveu a respeito,[1] parece que na maioria das vezes, quando se procede à disposição do Tarô com fim divinatório, começa-se por tirar doze cartas do monte dos arcanos menores para colocá-las a seguir em círculo, no sentido anti-horário.

Em seguida, escolhidas sete cartas no monte dos arcanos maiores, são elas dispostas no sentido horário, ficando as quatro primeiras em cruz e as três últimas em triângulo, com a ponta voltada para baixo.

Por fim, coloca-se no centro da cruz e do triângulo o arcano maior que representa o(a) consulente, isto é, o Mago ou a Papisa.

Vê-se por essas poucas indicações que a disposição do "Grande Jogo" usa três formas geométricas carregadas de símbolos: o círculo, o triângulo e a cruz.

O círculo e a cruz desempenham também um papel importante na interpretação simbólica dos arcanos maiores.

De há muito, aqueles que estudam o Tarô têm mostrado que era preciso começar colocando os vinte e dois arcanos maiores em forma de círculo, caso se quisesse compreender-lhe corretamente a ordenação.

Essa disposição permite, de fato, ver a correspondência que une cada carta com a que lhe está oposta no círculo. Obtém-se, então, os seguintes pares:

1. Papus, *O Tarô dos boêmios,* Paris, 1911, pág. 365.

Mago (1)	— Enforcado (12)
Papisa (2)	— Morte (13)
Imperatriz (3)	— Temperança (14)
Imperador (4)	— Diabo (15)
Papa (5)	— Casa-de-Deus (16)
Enamorado (6)	— Estrela (17)
Carro (7)	— Lua (18)
Justiça (8)	— Sol (19)
Eremita (9)	— Julgamento (20)
Roda-da-Fortuna (10)	— Mundo (21)
Força (11)	— Louco (0 ou 22).

Entretanto, o círculo pode ser dividido em duas metades, compreendendo cada uma onze cartas.

Se se alinham essas duas séries em duas filas, conservando a ordem das cartas tal como aparecia no círculo, obtém-se nova série de pares de cartas:

Mago (1)	— Louco (0 ou 22)
Papisa (2)	— Mundo (21)
Imperatriz (3)	— Julgamento (20)
Imperador (4)	— Sol (19)
Papa (5)	— Lua (18)
Enamorado (6)	— Estrela (17)
Carro (7)	— Casa-de-Deus (16)
Justiça (8)	— Diabo (15)
Eremita (9)	— Temperança (14)
Roda-da-Fortuna (10)	— Morte (13)
Força (11)	— Enforcado (12)

Observa-se que o sexto par é igual nos dois arranjos, o que destaca, logo à primeira vista, o papel particular das duas cartas que o formam.

Entretanto, se fizermos agora a adição dos números de ordem das cartas agrupadas, atribuindo o número 22 ao Louco, verifica-se que o total para cada par é de 23. Procedendo-se à redução teosófica deste número, através de uma operação bem conhecida pelos ocultistas da Idade Média e de origem neo-pitagórica, obtém-se o número 5. Ora, esse número é tradicionalmente o da cruz, porque se refere ao centro e aos 4 braços. Considerado ademais como o total da soma do 2, número "feminino", com o 3, número "masculino", ele representa, segundo um simbolismo bastante antigo, a totalidade das forças em atividade no universo, isto é, os dois princípios elementares que os antigos chineses chamavam de *Yin,* princípio da passividade, e *Yang,* princípio da atividade.

Dissemos, porém, que era possível determinar duas séries diferentes de pares de cartas. Como os pares dessas duas séries podem, por sua vez, juntar-se em virtude da semelhança das cartas que as compõem, é possível discernir grupos de quatro cartas:

O grupo Mago (1) — Louco (0 ou 22) corresponde ao grupo Força (11) — Enforcado (12).

O grupo Papisa (2) — Mundo (21) corresponde ao grupo Roda-da-Fortuna (10) — Morte (13).

O grupo Imperatriz (3) — Julgamento (20) corresponde ao grupo Eremita (9) — Temperança (14).

O grupo Imperador (4) — Sol (19) corresponde ao grupo Justiça (8) — Diabo (15).

O grupo Papa (5) — Lua (18) corresponde ao grupo Carro (7) — Casa-de-Deus (166).

Permanece sem correspondência apenas o grupo central, constituído pelo Enamorado e a Estrela.

Se fizermos então a adição dos números de ordem de todos esses conjuntos de quatro cartas, obteremos cinco vezes o total de 46, número que, em redução teosófica, corresponde a 10, isto é, a 1.

Cada grupo de quatro cartas reduz-se, pois, à unidade. Como existem cinco desses grupos, seu total corresponde ao número do par central, ou seja, ao 5. Pode-se, portanto, dizer que o par central equivale ao conjunto dos outros arcanos maiores e que ele dá, por assim dizer, a chave de toda a série desses arcanos, que, em virtude do simbolismo do número 5, pode ser comparável à cruz.

Se retornarmos aos arcanos maiores, dispostos em duas linhas paralelas, podemos dizer que o Enamorado, sexta carta, faz transição entre as 5 primeiras e as 5 posteriores, e que a Estrela, 17.ª carta, desempenha o mesmo papel em relação às dez cartas restantes.

Se analisamos agora as relações das 4 cartas do grupo Mago (1) — Louco (0 ou 22), Força (11) — Enforcado (12), descobrimos uma espécie de itinerário espiritual.

O Mago pode ser comparado ao espírito, por sua virtualidade fundamental: com efeito, o Mago, que é um mágico de feira, é representado manipulando vários objetos que nada mais são do que os símbolos das quatro famílias de arcanos menores, e simbolizam conseqüentemente os quatro elementos; a presença de dados sobre a mesa do operador mostra que o espírito deve ter sempre em conta o acaso, isto é, as circunstâncias cujo princípio ele ignora.

Em oposição, o Louco, por surpreendente que isso possa parecer à primeira vista, representa a verdadeira sabedoria, que culmina na liberdade total do espírito. Com efeito, o Louco é um ser errante, que vive o dia-a-dia, que vai aonde lhe apetece, ao sabor das circunstâncias: ele rejeita, isto é, coloca em segundo plano a trouxa que carrega e que simboliza tudo o que parece necessário na vida; enfim, o Louco avança sem se preocupar com o cão que late contra ele e lhe rasga o calção. O Louco é símbolo da sabedoria porque esta parece loucura aos olhos de todos os que se deixam prender pelos fios da ilusão que formam a trama da vida.

Entre essas duas cartas encontram-se a Força e o Enforcado, representantes de duas etapas na marcha rumo à Sabedoria: a fase ativa, que consiste em dominar as paixões, e a fase passiva, que consiste em atingir pouco a pouco o abandono e uma serena indiferença.

Todas as demais cartas devem ser analisadas em função destas 4 principais.

Observamos agora as cinco primeiras cartas, das quais derivam todas as outras. Sua ordem, à primeira vista, é bastante curiosa: ao Mago sucedem-se, com efeito, a Papisa, a Imperatriz, o Imperador e o Papa. A expectativa seria de que viessem a seguir o Papa e a Papisa, o Imperador e a Imperatriz. Todavia, não é o que ocorre no Tarô. O Papa e a Papisa circundam a Imperatriz e o Imperador. A surpresa desaparece quando se arranjam todas as cartas em cruz, do seguinte modo:

     Imperador
Papisa Mago Imperatriz
     Papa

Esse arranjo define dois eixos: um é feminino (Papisa-Imperatriz) e pode ser considerado como o símbolo do conhecimento, sob seu duplo aspecto especulativo e prático. A Papisa, mulher velada, que segura um livro aberto, pode com efeito simbolizar o conhecimento especulativo, enquanto a imperatriz, que segura o cetro e reina sobre o mundo, pode fazer referência ao conhecimento prático.

Este último conhecimento leva à atividade voluntária. A vontade é naturalmente representada pelo Imperador, que exibe o cedro, símbolo de seu poder de decisão. O Papa, cujo reino é espiritual e que, na reprodução, abençoa duas pessoas ajoelhadas a seus pés, pode fazer alusão ao senso moral, outra forma de dar nome à atividade, enquanto orientada para uma finalidade superior.

Essa disposição reencontra-se nos outros três grupos de cinco cartas, que devem também ser dispostas em forma de cruz para serem bem compreendidas.

Assim, o segundo grupo, dominado pela Força (11), vê o conhecimento especulativo aplicar-se aos seres e ao mundo na Roda-da-Fortuna (10), que revela que tudo está sujeito à mudança. O conhecimento prático aparece, por sua vez, sob o aspecto do Eremita (9), velho que avança prudentemente, carregando uma lâmpada acesa e sondando o solo com a ponta da bengala: o conhecimento prático fica assim dominado pela virtude da prudência.

A vontade torna-se decisão de agir depois de ter avaliado os prós e os contras: isso é simbolizado pela Justiça (8), mulher sentada que segura a espada e a balança.

O senso moral, finalmente, assume a aparência do Carro, evocação do mito platônico de "Fedra", onde a alma, em seu esforço para alcançar o mundo das Idéias, precisa dominar os dois cavalos da ira e da concupiscência, sempre em oposição um ao outro.

O terceiro grupo que se articula ao redor do Enforcado (12), símbolo da passividade por excelência, revela outro aspecto das coisas, uma conduta mais elevada, feita da aceitação da realidade tal como ela é e de conformidade com a ordem do mundo.

O conhecimento especulativo percebe então, com a Morte (13), que nada perece sem que logo se manifeste em novo nascimento. O conhecimento prático descobre na Temperança (4) o equilíbrio das coisas e principalmente das forças que carregamos dentro de nós, equilíbrio esse simbolizado pelo líquido que passa de um cântaro a outro entre as mãos do anjo que aparece na carta. A vontade liberta-se, então, de todo temor: com efeito, no Diabo, as forças apaixonadas, representadas por um homem e uma mulher, acham-se acorrentadas. Quanto ao senso moral, inclinado para o ideal mais elevado na carta paralela do Carro, embebe-se de humildade através da carta da Casa-de-Deus (16), onde o raio atinge uma torre e dela derruba dois personagens.

A carta 17, intermediária, está agora carregada de significados: o jovem da carta 6, colocado diante da escolha entre o vício e a virtude e ferido pela flecha de Cupido, encontra-se agora em nova posição: marcado pela passividade das cartas precedentes, ele aparece como uma mulher; privado de tudo, ele está nu; finalmente, compreendeu que o ideal está além do bem e do mal, razão por que entorna o conteúdo de dois cântaros; surge então a harmonia sob a aparência de oito estrelas que brilham no céu.

As últimas cartas, agrupadas em torno do Louco, símbolo da Sabedoria Perfeita, mostram a realização.

O conhecimento especulativo vê a Verdade sem véus. Ela é representada no Mundo (21) como uma mulher nua, de pé no meio de uma coroa de folhagens, enquanto que a totalidade que ela abarca é figurada através dos símbolos dos Quatro Animais do Apocalipse que ocupam os ângulos.

O conhecimento prático é libertado de todo constrangimento e se assemelha ao Anjo do Julgamento (20) que toca a trombeta, abrindo as asas e despertando os mortos.

A vontade brilha como o Sol (19) sobre as forças apaixonadas, tornadas dóceis como duas crianças em perfeita harmonia.

Finalmente, na Lua (18), o senso moral, iluminado pelo astro noturno, descobre o Caminho do Meio, situado além das influências apaixonadas que se assemelham a dois cães que latem; a caminhada da alma nesse nível elevado compara-se ao avanço do caranguejo que observamos através das águas de um lago; para o olhar superficial, parece que ele recua, mas é então que ele está avançando realmente.

Encarado desse modo, o Tarô aparece como uma escola de profunda sabedoria.

Nossa interpretação, baseada na simbologia dos números e nas imagens do Tarô de Marselha, não esgota evidentemente a riqueza de significados escondidos nos 78 arcanos maiores e menores. Embora nova, nossa maneira de ler este admirável *Liber Mutus* parece-nos representar uma chave que abre horizontes infinitos, tão ligeiramente evocados nesta exposição que acabamos de fazer.

J. E.

Capítulo XI

A CRUZ ANSADA (CRUX ANSATA)

Esta denominação corresponde a diversos signos cruciformes (tau ou cruz de quatro braços) encimados por um anel circular ou elíptico, "a asa" (em francês "anse").[1]

Esta cruz é particularmente característica do Egito faraônico, onde esse símbolo aparece quase sempre nas representações religiosas, como veremos mais adiante.

É possível conciliar diversos motivos cruciformes:

Assim é que uma cruz em tau, encimada por uma "asa" triangular (ponta para baixo), é conhecida na Índia e no Tibete, onde aparece em especial sobre moedas.[2]

A cruz ansada aparece no Oriente Próximo sob duas formas. Temos, de um lado, a forma egípcia, particularmente na costa sírio-palestina. Neste caso, a propagação do tema e a conservação de seu valor simbólico é explicada pelos inúmeros intercâmbios que ocorreram, desde o Império Antigo, entre o Egito

---

1. Certos autores empregam igualmente essa denominação no caso de uma cruz grega, cujos braços são desenhados como "ansae". Esse tipo de cruz, usada também como símbolo cristão, era conhecido na Mesopotâmia desde o segundo milênio. Ver também P. Bruun, "Símbolos, signos e monogramas", em *Sylloge Inscriptionum Christianarum veterum 2*, 1963.

2. Ver Lechler, *op. cit.*, e W. Budge, *Amuletos e talismãs*, Nova Iorque, 1961.

e os países do Oriente Próximo. É assim que a arte fenícia revela claramente os numerosos empréstimos artísticos que nesses intercâmbios se originaram.

Mas, a seu lado, é preciso notar que a cruz ansada também se apresenta sob a forma de uma cruz de quatro braços iguais, ou cujo braço superior é sensivelmente mais curto, encimado por um círculo. Esse anel às vezes é formado por uma sucessão de pontos; outras vezes vem acompanhado por uma pontuação central. Esse signo figura com freqüência em moedas provenientes de Chipre ou da Cilícia e deve relacionar-se com Vênus. Laços estreitos entre Chipre e Vênus são perfeitamente verificáveis, e a origem dessa forma de cruz ansada parece encontrar-se em Chipre. Enfim, esse signo permaneceu até nossos dias como símbolo planetário de Vênus e símbolo do sexo feminino.

A arte púnica, em particular as estelas funerárias, é ornada com freqüência por um símbolo que apresenta, igualmente, certa analogia com a cruz ansada: atribuído por S. Gsell à divindade púnica Tanit, este signo apresenta-se como uma cruz ansada cujo braço inferior se abriria em triângulo. Embora na maior parte das representações tal símbolo apareça sob um aspecto antropomórfico mais ou menos nítido, trata-se, no caso, de uma evolução do signo original.

Certos autores quiseram ver neste signo uma variação da cruz ansada egípcia, analogia que poderia ter algum fundamento, se considerarmos, por exemplo, uma estela funerária do Monte Sirai (Sardenha), onde se vê uma personagem feminina segurando um desses sinais pelo anel;[3] ou então a estela púnica representando alguém em prece, de estilo levemente egípcio e sobre cujas vestimentas figura esse sinal.[4]

Se, depois desse exame das formas que lhe são análogas, voltarmos à cruz ansada tal como no-la legou o Egito faraônico, impõe-se examinar primeiramente sua origem.

3. S. Moscati, *A epopéia dos fenícios,* Fayard, Paris, 1971.
4. M. Fantar, *Cartago, cidade prestigiosa de Elissa,* M. T. E., Tunísia, 1970.

Para o egiptólogo, a cruz ansada é antes de tudo um hieróglifo (signo "ankh") que aparece nos textos desde a época tinita (1.ª e 2.ª dinastias). Nessa época, esse hieróglifo já significava "a vida" (fonograma). Ainda que se tratasse de signo usado muito freqüentemente, os especialistas não concordam quanto a afirmar qual é o objeto representado (no sentido ideográfico inicial). As interpretações mais freqüentes fazem dele ou um nó formado pela dobradura de um pano,[5] por exemplo, de um cinto, ou a esquematização das correias trançadas de uma sandália.

Esta segunda interpretação é, talvez, mais segura, pois parece que o sentido ideográfico é mesmo "correia de sandália".[6] Mas esse mesmo signo serve também para designar um espelho, objeto que, de fato, apresenta uma forma análoga.[7]

É naturalmente o sentido principal deste signo que importa estudar aqui. A cruz ansada atravessou na verdade séculos e

---

5. A cruz ansada não deve ser confundida com dois outros signos hieroglíficos, que representam, de certo modo, nós:

— o nó de Ísis (amuleto "tit"), portador de felicidade, que parece ter assumido igualmente o sentido de "vida", e ao qual é dedicado o capítulo 156 d*O livro dos mortos*.

— o signo "chenu", símbolo da "totalidade" (Desroches-Noble-Court, C., *Catálogo da Exposição Tutankamon*, Paris, 1967), que se vê freqüentemente preso nas garras da deusa Vautour (onde se alterna às vezes com o signo "ankh") (Jéquier, G., "Os Talismãs", em *Bifao*, XI, 1914) e que é a forma antiga do cartucho real.

6. G. Lefebvre, *Gramática do idioma egípcio clássico*, Cairo, 1955; A. Gardiner, *Gramática egípcia*, Londres, 1973.

7. Em estudo consagrado aos signos "ankh" e "chenu", G. Jéquier contesta que a cruz ansada possa ter sido objeto de uso, ou parte dele. Para ele, esses dois signos correspondem, desde a origem, a amuletos, provavelmente de junco trançado.

O "ankh" que aparece em certos textos seguido do epíteto "das duas terras" estaria originalmente em relação com os ritos chtonianos ou funerários, antes de se converter em atributo divino. O "chenu", às vezes chamado "a vida predestinada", era um atributo do soberano (G. Jéquier, "Os Talismãs", em *Bifao*, XI, 1914).

civilizações, guardando seu sentido, e em nossos dias ainda se sabe que se trata da "cruz da vida" (ou "chave da vida", uma vez que alguns autores fizeram deste sinal, que as divindades egípcias com freqüência têm nas mãos, uma chave, a exemplo daquelas que São Pedro carrega).

O signo "ankh" tem, pois, na essência, o sentido de "vida". Mas, para homens que, ao longo da vida, preparavam-se para a existência que os esperava no além, trata-se antes de tudo da "vida futura". Essa vida eterna, prometida através de todo *O livro dos mortos* aos defuntos que terão de atravessar sua existência terrestre evitando as iniqüidades, só começará realmente quando o Justificado tiver sido recomposto e tiver recebido o sopro da vida.

Assim é que a cruz ansada que um deus ou uma deusa ergue adiante do nariz do defunto vem a ser esse sopro vital destinado a reanimar o novo Osíris. Esta cena está sempre presente, nos túmulos como nos muros dos templos ou nas vinhetas que ornam os papiros fúnebres. Mas, ora a divindade segura diretamente a cruz, ora esta é erguida na extremidade de um cetro que prolonga por vezes uma pilastra "djed", símbolo do fluido vital de Osíris.[8] Na época amarniana, representou-se com freqüência uma cena análoga; nela, entretanto, os "ankh" são segurados por mãos que terminam em raios provenientes do disco solar, Aton.

Comprovando uma imaginação fantástica e um grande sentido para o simbolismo, os artistas egípcios deram não raro vida própria aos mais diversos objetos.

No caso do signo da vida,[9] freqüentemente o anel se transforma numa cabeça e o signo é completado por um par de braços, ou também por um par de pernas. Assim, sobre um dos flabelos de ouro encontrados no túmulo de Tutankamon, aparece esse signo de vida erguendo o flabelo atrás do faraó numa

8. A. Champdor, *O livro dos mortos,* Albin Michel, Paris, 1974.
9. Essas reproduções não parecem ser anteriores ao Médio Império.

cena de caça.[10] De modo semelhante, uma das vinhetas d*O livro dos mortos* mostra a vida (cruz ansada), rodeada pelas deusas Isis e Néftis, erguendo sobre a "cabeça" o disco do sol nascente: como Osíris, o sol precisa reencontrar, depois de seu desaparecimento noturno, um sopro vivificador e regenerador, a fim de completar sua jornada.

A mesma imaginação criativa e o mesmo papel vivificador da cruz ansada aparecem nas cenas de purificação em que Hórus e Thot (deuses encarregados da regeneração do sol) seguram sobre o soberano os vasos dos quais emana uma cascata de signos de vida. Essa água da vida regenera o homem, conferindo-lhe momentaneamente uma parcela dessa virtude divina que na verdade ele só poderá adquirir depois da morte, quando os deuses o terão reconhecido como um dos seus.[11]

Esses poucos exemplos revelam claramente o papel primordial da cruz ansada na religião egípcia e ajudarão para que se capte melhor como este signo chegou até nós sem alteração de seu valor simbólico.

Os templos egípcios mantiveram-se em grande atividade nos períodos ptolomaico e romano. Por isso, foi apenas sob Teodósio (fim do século IV), que ocorreu o fechamento dos templos pagãos, acompanhado de atos iconoclastas. Os primeiros cristãos foram surpreendidos com o reconhecimento nos muros desses templos de um sinal bastante próximo da representação que faziam da cruz do Cristo, coroada. Diversos autores, como Rufino e Sozômeno, narram esse episódio,[12] descrevendo o espanto dos cristãos ao descobrir que esse signo simboliza a "Vida futura"!

10. Cena análoga foi destacada por Naville em Deir-el-Bahari (D. Jéquier, *op cit.*). Ela figura também sobre o carro de Tutmoses IV.

11. G. Jéquier, *Considerações sobre as religiões egípcias*, La Baconnière, Neuchâtel, 1946.

12. Trata-se, em especial, da construção do Serapeu da Alexandria.

Segundo Rufino, esse episódio contribuiu com grande força para a conversão dos pagãos, pois uma antiga predição havia anunciado o desaparecimento dos antigos cultos egípcios, no dia em que o "ankh" fosse exaltado.[13]

Mais tarde, várias lendas coptas abonaram ainda mais a idéia de que esse signo pertencia à tradição cristã,[14] o que permitiu à cruz ansada permanecer, principalmente na igreja Copta, como equivalente da Cruz, e isso até os nossos dias.

P. S.

---

13. J. Doresse, *Dos hieróglifos à cruz*, Istambul, 1960.
14. Como nesta lenda citada por Abenéfi: a cruz ansada teria sido revelada a Adão por um anjo; depois teria chegado ao Egito por intermédio de Misraim, Filho de Cam, que conhecia seu valor mágico (cf. Doresse, *op. cit.*).

Capítulo XII

CRUZES AFRICANAS

Condicionados por nossa cultura, temos às vezes dificuldade para entender como sinais ou símbolos, cuja significação nos é familiar, possam revestir-se de outro sentido, além daquele que nos parece evidente. É o caso dos pesos para a medição de ouro utilizados na Costa do Marfim e em Ghana. São pequenas figuras ou então plaquetas decoradas com motivos geométricos que indicam o peso exato do objeto.

Esses motivos, assim como o sistema de pesagem adotado, não escapam à dualidade do pensamento dos negros: o objeto tem um aspecto aparentemente material, visto e compreendido por todos, e um aspecto oculto, secreto, conhecido somente pelos iniciados. Entre os signos simples, figuram a cruz grega, a cruz de Santo André e a *Svástika*.

A decifração dos pesos africanos é difícil porque se trata de objetos pessoais; seu proprietário tinha, às vezes, a vantagem de que seu valor ponderável não era conhecido pelos não-iniciados.

Além do seu valor aritmético, esses signos têm um significado oculto. Assim, a cruz de Santo André vale 8; simboliza o sexo feminino e a dificuldade. A cruz grega vale 10 e traz a conotação do sexo masculino e de um sentido favorável. Quanto à *Svástika,* chamada "mão de macaco", vale 4, se gira da direita para a esquerda e 5, se gira da esquerda para a direita. Ela está relacionada com o movimento de rotação dos astros e, talvez, com a noção de gemelidade. É provável que se componha de dois ideogramas acoplados da seguinte forma ⌐ e ⌐ , cada um valendo 5 e significando um o masculino e o outro o feminino. A *Svástika* seria assim uma totalidade. Valerá 10 em em certos casos?

A superposição dos signos + e × significa uma união visando à procriação e, na prática, apresenta-se como uma estrela de oito pontas.

R. C.

Capítulo XIII
A CRUZ NA ARITMÉTICA

Após a Renascença, a cruz serve de base a um novo simbolismo. Leonardo da Vinci foi um dos primeiros a empregar esporadicamente o sinal aritmético +. O símbolo de multiplicação × figura pela primeira vez na obra de Oughtred, *Clavis mathematica,* publicada em 1631. Esses signos datam do início do século XVI e são hoje usados universalmente. Designam também, no presente, por exemplo, na eletricidade, o positivo e o negativo; por um fenômeno oriundo de certo maniqueísmo, somos levados às vezes a considerar que o que é positivo é bom e o que é negativo, é mau.

O sinal de adição não se associa em nosso espírito ao sentido religioso ou metafísico da cruz, assim como o adjetivo "traseiro" não se liga necessariamente à parte de trás da pessoa. Os egípcios tinham uma percepção de divisão à vista de dois bastões cruzados; índios da América e povos siberianos viam na cruz uma manifestação da totalidade, mas de uma totalidade composta de elementos definíveis um a um. Sabe-se, depois das pesquisas de Guénon e Corbin, que a gnose hebraica e islamita, por caminhos distintos, davam valor à cruz, sinal de vida, de movimento, de perpetuidade. A vida propaga-se por adição, por multiplicação, mas também por divisão. Não se pode, pois, ligar direta e rigorosamente os sinais matemáticos cruciformes que utilizamos a uma tradição esotérica. Parece que a origem do nosso sinal de adição tenha sido bem prosaicamente a seguinte:

em 1489, Johan Widman publica em Leipzig um tratado de aritmética comercial no qual aponta a falta de mercadoria por um pequeno traço horizontal, e a sobra de mercadoria, por um traço horizontal atravessado ao meio por pequeno traço vertical. Em 1554, Michel Stifel, velho monge amigo de Lutero, publica a *Arithmetica Integra,* onde os mesmos sinais imaginados por Widman não têm mais valor apenas na área comercial, mas adquirem o sentido geral de adição e subtração. Stifel foi copiado e, por razões de facilidade tipográfica, as duas barras do sinal "mais" passaram a ter o mesmo tamanho, resultando no nosso +.

O que, em compensação, poderia fornecer matéria de reflexão é o fato de que a cruz representa em Roma, bem como na China, o número dez. Na tradição pitagórica, o dez representa a totalidade por excelência, porque corresponde à soma de 1 + 2 + 3 + 4, ou seja, à Tétrada. Nesse caso, o signo corresponde perfeitamente à idéia.

Pode-se objetar, no entanto, que essa construção engenhosa não era conhecida pelos gregos, os quais não representavam o número dez pelo equivalente do ×, o Qui, mas pelo Iota, décima letra do alfabeto grego primitivo. Foneticamente o × latino corresponde à letra grega "Xi" (pronúncia: csi), cujo valor numérico era sessenta.

R. C.

BIBLIOGRAFIA

Nota: A maior parte das obras arroladas nesta Bibliografia vem mencionada no texto, em notas de rodapé, onde traduzimos seus títulos. Mantivemos aqui os títulos originais para facilitar eventual busca dos leitores.

ALLEAU, René. *Dictionnaire des feux*, Paris, 1964.

AMIET, P. *La glyptique mésopotamienne archaïque*, C.N.R.S., Paris, 1961.

BRUUN, P. "Symboles, signes et monogrammes" in *Sylloge Inscriptionum christianarum veterum*, 2, 1963.

BUDGE, W. *Amulets and Talismans*, Nova Iorque, 1961.

CHAMPDOR, A. *Le livre des morts*, Albin Michel, Paris, 1974.

CHEVALIER, Jean e GHEERBRANT, Alain. *Dictionnaire des symboles*, Laffont, Paris, 1969.

DANIÉLOU, A. *Le polythéisme hindou*, Buchet-Chastel, Paris, 1960.

DANIÉLOU. J. *Les symboles chrétiens primitifs*, Seuil, Paris, 1961.

DE CHAMPEAUX, G. e STERCKX, S. *Le monde des symboles*, La Pierre-qui-Vire, 1966.

DESROCHES-NOBLECOURT, C. *Catalogue de l'Exposition Tout Ankh Amon*, Paris, 1967.

DORESSE, J. *Des hiéroglyphes à la croix*, Istambul, 1960.

ELIADE, Mircéa. *Le mythe de l'éternel retour*, N.R.F., Paris, 1949.

ERACLE, J. "Le ciel dans un miroir" in *Musées de Genève*, n.º 108, setembro 1970.

FANTAR, M. *Carthage, prestigieuse cité d'Elissa*, M.T.E., Tunis, 1970.

GAILLARD, L. *Croix et swastika en Chine*, Xangai, 1904.

GARDINER, A. *Egyptian Grammar*, Oxford University Press, Londres, 1973.

GOFF, B. L. *Symbols of Prehistoric Mesopotamia*, Yale University Press, New Haven & Londres, 1963.

GRANET, M. *La pensée chinoise*, Albin Michel, Paris, 1950.

GUÉNON, R. *Le symbolisme de la croix*, Coll. 10-18, Ed. Vega, 1957.

GUÉNON, R. "La grande triade", *Revue de la table ronde*, Nancy, 1946.

JÉQUIER, G. *Considérations sur les religions égyptiennes*, La Bacannière, Neuchâtel, 1946.

JÉQUIER, G. "Les talismans", in *BIFAO XI*, 1914.

KNAPP, M. *Pentagramma Veneris*, Bâle, 1934.

KOCH, R. *The Book of Signs*, Dover publications, Nova Iorque, 1955.

LAVEDAN, P. *Dictionnaire illustré de la mythologie et des antiquités grecques et romaines*, Paris, 1931.

LECHLER, J. *Vom Hakenkreutz*, Curt Kabitzsch, Leipzig, 1934.

LEFEBVRE, G. *Grammaire de l'égyptien classique*, Cairo, 1955.

L'ORANGE, H. P. *Studies on the Iconography of Cosmic Kingship in the Ancient World*, Oslo, 1953.

MASSON, Hervé. *Dictionnaire initiatique*, Pierre Belfond, Paris, 1970.

MOSCATI, S. *L'épopée des Phéniciens*, Fayard, Paris, 1971.

MÜLLER, W. *Die heilige Stadt*, Stuttgart, 1961.

NOVOTNY, K. *Beitrage zur Geschichte des Weltbildes*, Wiener Beitrage zur Kulturgeschichte und Linguistik, Tomo XVII, Wien, 1969.

PAPUS, Dr. G. Encausse. *Le Tarot des Bohémiens*, Paris, 1911.

RUDHARDT, J. *Chypre des origines ou Moyen-Age*, Faculdade de Letras da Universidade de Genebra, verão, 1975.

SÉJOURNÉ, L. *La pensée des anciens mexicains*, Maspero, 1966.

SOUSTELLE, J. *La pensée cosmique des anciens mexicains*, Paris, 1940.

TAJTMA, R. *Les deux grands mandalas et la doctrine de l'ésotérisme Shingon*, Presses Universitaires de France, Paris, 1959.

TOURNIAC, J. *Les tracés de lumière*, Dervy, Paris, 1976.

TUCCI, G. *Théorie et pratique du mandala*, Coll. Documents spirituels, Fayard, Paris, 1974.

WESTERMARCK, E. *Survivances païennes dans la civilisation mahométane*, Paris, 1935.

WILSON, T. "The Swastika", *Annual report (1894) of the Smithsonian Institution*, Washington, 1896.

WIRTH, Oswald. *Le Tarot des imagiers du Moyen-Age*, Paris, 1966.

YATES, F. A. *The rosicrucian enlightment*, Londres e Boston, 1972.

Leia também

TARÔ CLÁSSICO

Stuart S. Kaplan

Fruto de profundo conhecimento e de longas pesquisas, esta obra de Stuart S. Kaplan narra a evolução das cartas do Tarô desde suas prováveis origens, não só como um sistema de ler a sorte mas também como um trabalho de expressão artística que documenta a evolução do pensamento humano entre algumas das civilizações mais desenvolvidas da Antigüidade.

Revelando o simbolismo e os sentidos divinatórios de cada um das cartas dos Arcanos Maiores e dos Arcanos Menores, TARÔ CLÂSSICO, além de reproduzir algumas das mais raras coleções de cartas de Tarô existentes no mundo, dá o significado de cada uma, o modo de arrumá-las, assim como os vários métodos de interpretação das figuras simbólicas, de acordo com as práticas adotadas na leitura da sorte durante vários séculos.

O autor, contudo, não se limita a estudar os aspectos históricos e técnicos da evolução e do uso do Tarô, mas reproduz também o pensamento de alguns de seus maiores estudiosos, entre outros, Court de Gebelin, Papus e Éliphas Lévi, para quem o Tarô *"é um livro que resume todas as ciências e cujas combinações infinitas podem resolver todos os problemas; livro que fala e faz pensar, talvez a obra-mestra do pensamento humano"*.

EDITORA PENSAMENTO

TANTRA NO TIBETE
A Grande Exposição do Mantra Secreto

Tsong-Ka-Pa

Tantra significa, literalmente, "regra" ou "ritual". São certas obras místicas e mágicas. Segundo Râma Prasâd e outros, a linguagem empregada em tais obras é altamente simbólica e as fórmulas de seu credo são pouco mais que expressões algébricas, ainda sem nenhuma chave interpretativa proveitosa. São livros muito instrutivos. Neles se encontra toda a ciência oculta, mas podem dividir-se em três categorias: os que tratam de magia branca, os que versam sobre magia negra e os que discorrem sobre o que se poderia chamar magia gris, uma mescla de uma e outra.

Muito se tem escrito e publicado sobre *Tantra,* mas, infelizmente, apresentando e explorando mais a sua parte negativa, prejudicial mesmo. Daí as advertências como esta da Dra. Annie Besant em seu livro *Introdução ao Ioga*: "Lede os *Tantras*, se quereis, a título de ensino, mas não os pratiqueis sem uma explicação esclarecedora: vai nisso a saúde de vosso corpo".

Daí por que Sua Santidade o Dalai Lama, Chefe Supremo do Budismo, pediu a Jeffrey Hopkins que traduzisse *A Grande Exposição do Mantra Secreto,* e o prefaciou para mostrar ao público a parte sadia e elevada do *Tantra* e sanear, assim, o mal disseminado pelas publicações mórbidas. Daí também por que o próprio autor recomenda a maior seriedade nesse estudo, que será mais útil e assimilável se feito sob a superior orientação de um instrutor autêntico e bem esclarecido.

Este livro, porém, já escoimado de perigos pode ser lido por todos os interessados.

EDITORA PENSAMENTO

VIDA E MISTÉRIOS DOS ROSA-CRUZES

Jean-Claude Frère

Tudo é enigma na fraternidade dos Rosa-Cruzes. A começar do nome. Por que a Rosa, por que a Cruz? E seu "fundador": Christian Rosenkreutz é um mito ou sob esse nome oculta-se verdadeiramente um grande iniciado? Os homens mais ilustres aderiram a associações rosa-crucianas. Os franco-maçons devem muito ao simbolismo da Rosa-Cruz. Nos séculos XIX e XX, os rosa-cruzes pareciam entreter o designio de intervir na política dos Estados: um rosa-cruz foi ministro da Rainha Vitória; outro foi general no exército do Imperador Guilherme II; entre os que levaram Hitler ao poder havia rosa-cruzes. Crowley, que foi sem dúvida o maior mago do século XX, tirou sua própria magia das fontes do Rosa-Crucianismo.

Jean-Claude Frère é o primeiro autor a desvendar, em VIDA E MISTÉRIOS DOS ROSA-CRUZES, as grandes cerimônias iniciáticas e os grandes rituais dessa enigmática ordem. Recebeu ele, de um iniciado rosa-cruciano, a chave que lhe permitiu explicitar, sem traí-la, a verdadeira mensagem da Rosa-Cruz. É toda a vida, todos os mistérios dos companheiros da Rosa e da Cruz que animam as páginas deste livro empolgante, onde nos é por fim revelado como "o segredo governa o mundo".

EDITORA PENSAMENTO

Editora Pensamento

Rua Dr. Mário Vicente, 374
04270 São Paulo, SP
Fone 63-3141

Livraria Pensamento

Rua Dr. Rodrigo Silva, 87
01501 São Paulo, SP
Fone 36-5236

Gráfica Pensamento

Rua Domingos Paiva, 60
03043 São Paulo, SP
Fone 270-3033